マルチタスクでも
仕事がたまらない究極の方法

すべての仕事は10分で終わる

森川亮 C Channel CEO

SB Creative

常に仕事に追われている。
いつも机の上には仕事が山積みになっている。
「今日中に終わらせたい」と思っている仕事は、ほぼ終わらない。

この本を手に取った方は、そういう方ではないでしょうか。

私は、今まで日本テレビ、ソニーで働いた後、LINEの経営に携わり、独立してC Channelを起業。創業後2年間で10か国でサービスを展開し、SNSファン数は延べ2500万人超と、日本最大級のサービスとなりました。

日系企業から外資系、ベンチャー企業を比べてみて思うのは、いわゆる日本企業の仕事はムダが多い、ということです。

皆さん、「本当に大事なこと」にきちんと目を向けているでしょうか？

「必ず終わらせる」という意識をもって仕事をしているでしょうか？

私が考えるに、ムダを減らすために必要なのは、「大事なこと」だけ確実に押さえること。そして、「必ず終わらせる」という前提で、仕事の回し方、つまりプロセスを変えていくことです。

たとえば、C Channelでは、通常開発に必要になる仕様書は作りません。実際のニーズはいろいろと変わっていきます。コミュニケーションさえとれていれば、最終仕様が決まる前に仕様書という「形」にこだわる意味がないからです。それよりもプロダクトをいち早く作ることのほうがはるかに大事なのです。

また、プレゼンの資料作りに時間をかける人もいますが、プレゼンで大事なのは話の中身で、資料はあくまでも仕事を進めるための手段です。手段に過ぎないものに時間をかけるのは、まったくもったいないと思います。

「それでも上司があれこれ言ってくるから」という方の気持ちもわかります。

だから本書は、そんな上司のやり過ごし方も含めて、紹介していきたいと思います。

私は「仕事とは何か」についていつも考えていますが、その結論は、

「アウトプットを出すこと」

に尽きるのではないかと思います。

本書では、皆さんが、必要な仕事できちんとアウトプットを出していくためのプロセスについて、私なりの考え方や方法を紹介していきたいと思います。

はじめに
仕事が遅い人の6つの類型

日本人の生産性は低い。

こう世間で言われるようになって久しいですが、では「自分の生産性が低い」という課題意識を持っている人はどれだけいるでしょうか？　巷で耳にする話はどちらかというと制度的な話が中心で、ビジネスパーソン自身の生産性、つまり仕事の仕方が変化しているのかというと、あまり大きな改善が見られないように感じます。

たとえば働き方改革の影響で強制的に定時退社などを強いられ「仕事量が変わっていないのに早く帰るなんて理不尽だ！」と困惑する方。もしくは、育児や看病など家庭の事情で残業ができなくなり「アウトプットが落ちるのは仕方がない」と諦めている方。

そこに共通するのは「自分はすでに精一杯仕事をしているので、これ以上処理速度は上がらない。あとは組織の問題だけだ」という、まるで他人事のような意識です。

もちろん組織的な改善も必要でしょう。実際に仕事のスピードが速くて、その分、周囲から仕事がどんどん集まってパンク状態になっている人もいるはずです。でも、おそらくそういうハイ・パフォーマーは割合としては相当少ないはずですし、仮に組織として課題を抱えていたとしても、個人レベルで仕事のスピードを上げる伸びしろはまだまだあると思うのです。

というより、そこで「伸びしろがない」と思い込んだら、人は成長しません。

＊

この本を手に取られたということは、ご自身の仕事の仕方に何かしらの課題意識を持たれている証拠でしょう。

そこで手始めに、仕事のスピードが遅い人のタイプを以下の６つに整理してみました。読者の方は、このいずれかに多少なりとも該当すると思います。

タイプ①　いい人すぎて仕事を抱えすぎ……仕事が断れないためにオーバーフロー状態となり、あらゆる仕事がスローダウンしている人。対人関係から見ると「いい人」かもしれませんが、企業から見れば「悪い人」です。

自分の担当ではないのに仕事を受けたり、営業をかけられる度に1件1件丁寧に対応したり、会食に誘われたら必ず参加したりしていれば当然時間が足りなくなります。

このタイプの人に必要なのは、断る技術や捨てる勇気です。

タイプ②　1人で全部をやろうとする……部下や外注やコンピューターに仕事を振ってもよさそうなものまで全部自分でやろうとして、結果的に仕事が遅くなる人です。本人は気づいていないものの、組織やプロジェクト内でボトルネックになっているケースが多いと思います。

このタイプの人に必要なことは「自分は自分の得意分野や本当にこなすべき仕事

に専念して、それ以外は人に委ねる」という一種の開き直り。それができれば仕事の速度は劇的に上がります。

タイプ③　自己満足に浸っている……上司に状況をアップデートするだけの資料作りに半日以上かけたり、謝罪メールを書くのに1時間かけたり、ホチキスで止める位置をミリ単位でこだわったりする人です。

本人としては「丁寧でいい仕事をしている」という感覚でしょうが、相手が求めるもの以上の仕事はもはや自己満足や趣味の世界であり、私はムダだと思っています。

相手の期待値を満たしていればOKという意識に変えることで、多くのムダな作業を捨てることができるでしょう。

タイプ④　集中力が切れやすい……自制心があってモチベーションも低くないのにいつも集中力が切れて仕事が遅くなるのであれば、誘惑がない環境（集中できる環境）に身を置くという先読みの予防策をもっと取り入れたほうがいいかもしれません。

私は誘惑の多いパソコンは、仕事の机の上に置かないようにしています。

タイプ⑤　今やるべきことが明確になっていない……大事な仕事をたくさん抱えていることは理解しているのになかなか仕事を前に進められない原因は、十中八九、自分が「今」本当にやるべきことを整理できていないからです。

仕事をたくさん抱えるとどうしても焦って目の前にある仕事から取り組んでしまいがちですが、すべてを同時に進めようとしても効率はむしろ下がる一方です。

仕事をたくさん抱えている時ほど冷静になって仕事を分解し、優先順位づけをし、きっちりスケジュールを組んで進めるというマイクロマネジメントが欠かせません。

タイプ⑥　読みが甘い……自制心があって、スケジューリングもしているのに仕事が終わらない人の中には、受けた仕事に対して読みが甘い人も大勢います。

ここでいう「読み」とは、どれくらいの期間（やマンパワー）で終わるのかという「時間の見積もり」もありますし、仕事の難易度や待ち受ける障害といった「課題の見積もり」もあります。

いずれせよ、こうした見積もりが甘いまま予定を立ててもその中で収まらず、結果すべての予定が滞ってしまいます。

読みの精度を上げていくために必要なのは振り返りです。ちゃんと予定とのズレをチェックして、次回に活かしていくことです。それが習慣化できれば仮説精度はどんどん上がっていき、「破綻しづらいスケジューリング」が徐々にできるようになっていきます。

*

私は30代前半まで日本の大企業で普通のサラリーマンをしていました。

その後、外資系ベンチャーの日本法人に転職し、数年後に日本法人の経営を任されることになり、今や定番コミュニケーションツールとなったＬＩＮＥをローンチ。その後はデジタルメディアの可能性に魅了されて独立し、現在は若い女性向けのメディア「C CHANNEL」の運営に携わっています。

その間、個人の職務スキル、そして企業価値として私が一貫してこだわっているのは「スピード感」です。

1例をあげればLINEはわずか1か月半、C CHANNELは3か月でプロダクトローンチにこぎつけています。また、C CHANNELを軌道に乗せるまでの間も、会社経営以外に上場企業やベンチャー企業の社外取締役を務めたり、大学で授業を受け持ったり、政府の活動に参画したりと、ずっとマルチタスクで動き続けています。

これもスピードを優先しているからこそできることです。


私はただの凡人にすぎません。

そんな私がビジネスの世界でそれなりの結果を残し、マルチタスクをどんどんこなしているのは、徹底して自分の時間の使い方にこだわっているからであり、「最短距離での最大効率」を常に意識しているからに他なりません。


本書は、そうした私の日頃の仕事術を体系的にまとめたものです。

年月をかけながら究極のレベルに近いところまで突き詰めてしまった感じも多少あるので、今まで時間管理をしてこなかった方がここで紹介していくことをすべて取り入れるのは、ハードルが高いかもしれません。
でも、自分の生産性を上げる方法をいろいろと模索されている方にとっては、ヒントになる要素を詰め込めた気がします。この本で紹介したことを半分くらいでも実践できれば、早く帰りたい人は定時退社ができるようになるでしょうし、もっと成果を出したいという人は如実にアウトプット量が増えるでしょう。

２０１８年４月

森川　亮

すべての仕事は10分で終わる
CONTENTS

はじめに
仕事が遅い人の6つの類型……4

第1章 仕事は10分

会議は10分……22
会議を10分で終わらすために
その会議は本当に必要ですか?
いかにあなたの会社の「会議」を変えればいいか
「議事録」はその場で――補助の補助にすぎない仕事に時間を使うな……32
「社内用レポート」は3分――老眼上司のための仕事はいらない……35
「仕様書・事業計画書」はいらない――どうせ変わることに時間をかけない……39
事業計画書は、「最悪のケース」が重要
「提案書」「プレゼン資料」は型化で10分……44

「型化」のススメ
真似るなら、「普通」なのにうまくいく人を参考に
データは3つで十分――データ収集の前に結論を見せる……50
データは3つで十分
データは本当に必要か……53
日頃の情報収集は朝10分……57
シェア数が多い記事を読む
他人のタイムラインは見なくていい
読書は1冊30分――読まないよりは目次だけでも見る……61
メールの時短術――メールはすべて読まなくていい……64

第2章 10分で区切る

日々のTODOを「10分」で考える……74

なぜ、10分か
タスクを終わらせて、ジョブの時間をしっかりとろう……82
10分で終わらなそうなタスクの場合……84
フェーズ(手順)で分ける
分けると仕事が振りやすくなる
カテゴリで分ける
アウトプットが可視化できるとベター
1つのタスクが終わったときに、ほっとしない
TODOを管理する……94
課題解決につなげる手帳術……97
メールベースのTODOリスト……101
TODOリストのカテゴリ分け……105
スケジューリングのコツ① 予定を埋め、バッファは考えない……109
スケジューリングのコツ② 今日の仕事は今日中に……112
スケジューリングのコツ③ こぼれたら1週間で堰《せ》き止める……114
仕事は週がはじまる前に振る

毎日の振り返りで、自分の時間の使い方を見直す……118
仕事のオーバーフローをなくすために、「作業時間」を把握しよう

第3章 仕事をためない16のルール

完璧な仕事を求めない。人に完璧を求めない……124
できない仕事はどんどん断る……128
上司は「間引く」発想を持て
普段やらないことは基本断る
答えの出ないことで悩まない……133
感情ベースの議論は無視
足を引っ張る人たちからどう逃げるか……137
ボトルネック上司は、出世するように仕向ける
理不尽な上司は「わかりましたー」「忘れましたー」でスルー

仕事の速い人としか仕事をしない……141
いかに止まらないか
やる気のない人に任せない……145
人を巻き込むときは設計図を先に描く……148
リマインドの鬼になる……152
集中できる環境は、何より死守。なんなら帰ってもいい……154
自宅のほうが集中できれば、帰ってもいいと思う
時間泥棒を確定する……158
振り返りで「時間泥棒」を見つける
「パソコンありき」の発想を捨てる……162
机の上は、整理整頓。ゴミ箱も近くに置く……165
自分から電話をしない……167
会議は「ながら仕事」のチャンス……169
イヤなものから着手する……172
「バタバタ案件」は対応をマニュアル化する……174

部下からの相談はメッセンジャーで受ける……177

第4章 正しく悩む「最短思考術」

答えを見つけるのが仕事……180
開き直りも大事……184
選択肢をすべて出してマッピングして潰す……188
遠くの山にフォーカスしすぎない……194
未来予測をするときの心構え

第5章

普通の人が天才を超える「振り返り」の技術

「振り返り」が人を成長させる……200
成長のKPIは、時間・お金・生活習慣……202
自分のKPIを考える
3つのKPIを管理する
時間配分の目標を決める……207
自分の時間の使い方を確認する
人生のKPIでなりたい自分になる
土曜に行なう「振り返り」……216
目標が達成できない2つの理由
日曜に行なう「プランニング」……221
C Channel社内研修で学ぶ「自分の地図の作り方」……226
なぜ振り返りにこだわるのか……232

第1章

仕事は10分

仕事は10分。

大まかにですが、私はこんな区切りで仕事をしています。

今の時代、そんなに集中力が続くものでもありません。２０１５年のマイクロソフトの調査によれば、集中力の持続する時間は、なんと８秒という結果も出ています。

１つのタスクに何時間かけても、集中力が切れてしまって意外とムダな時間が多いものですし、それなら思い切って他の仕事をして、また戻ってきたほうが結果が出やすいこともあります。

それに、**本当に大事なことだけをやれば、そんなに時間がかかるとは思えないのです。**

日本企業で多く見られるムダな仕事のトップ３は「会議」と「ドキュメント作り」と「決裁」だと思います。

ドキュメントは、細かいところのクオリティを求めるので時間がかかりますし、会議もみんなの共感を得るために時間がかかります。特にリーダーといわれるような人は、会議、ドキュメント、決裁、ご挨拶みたいなことに追われていて、本来の「仕事」ができていない。すごくムダだなと思います。

そこに引きずり回される部下たちも「自分はこれで成長できるのだろうか？」と思いながら仕事をしているでしょう。そんなムダを削るだけで、会社も随分変わるのではないかと思います。

第1章では、業務ごとに私が意識している仕事の仕方を紹介します。

1 会議は10分

会議をこなすことが仕事だと思っている人がいかに多いことか。

特に大企業は社内調整がどうしても増えるので、会議を中心に1日が回っているという方も多いでしょう。プレイングマネージャーの中には実務に当てられる時間が確保できずに大変な思いをされている方も多いと思いますし、私も会社員時代はムダな会議に随分時間を強奪されました。

でも、会議というものはあくまでも大きなゴールを達成するための手段であって、目的ではないはずです。会議をした結果、何かしらのアウトプットが生まれてはじめて「仕事」になります。

会社の通路から会議室を覗《のぞ》けば、大の大人が高級なスーツを着て、時に難しい顔をしながらいろいろ意見をぶつけ合ったり、ホワイトボードにグチャグチャと書いていたりするので、何かものすごいものを生み出しているかのように見えます。

でもフタを開ければお互いの主張を言い合うだけの堂々巡りの議論だったり、責任のなすりつけ合いや手柄の取り合いといった社内政治マターで終始していることがよくあります。

しかもそれで仕事をした気になってしまう。

いうまでもなく、それはまったく仕事ではありません。

会議の目的は、「意見をまとめて結論を出す」ことです。

それに集中しさえすれば、10分で終わらせることも可能です。

会議を10分で終わらすために

結論からいって、10分で終わらせるのは簡単です。

事前に、議題を振っておいてそれについて考えてきてもらい、その場では、それぞれ意見を聞き、多数決をとっておしまい。10分程度で終わります。
いわれてみれば、簡単なことではないでしょうか。
ここで私が会議を早く終わらせるために意識していることを紹介します。

10分で終わらせる前提で考える

多くの方は「会議＝1時間単位」という固定観念を持っています。

ただこれだと、1時間という「箱」にいろいろなアジェンダを突っ込んで、その中の1つでも前に進めばいいといった感覚に陥りやすいのです。しかも、わざわざ会議の場で時間を割かなくてもいい情報共有の話が混在してきたり、話好きのメンバーが30分くらい独演会をしたりと、とてつもないムダが生まれます。アウトプットありきで考えましょう。

アウトプットを事前に参加者に共有する

会議に臨む段階で、メンバーにその会議で何をしなくてはいけないかというゴールが共有できていないと、参加者の思考をフォーカスさせることができません。

メールなどで事前に伝えておきましょう。

何かを決めるときは、先に選択肢を送っておく

ここはかなり重要なポイントです。自由な議論をしながら何かを決めようと思うと時間がかかります。メニューがないレストランと、メニューが3つしかないレストランでは後者のほうが決断が早いのと同じです。

そこで、選択肢を3つないし5つに絞って、それに対して多数決で決める仕組みをとると、早く決まります。

選択肢自体を主催者である私があらかじめ用意して、メールで伝達しておけば、その場では多数決と少しの話し合いで済みます。

主催者が別の人で、自分が会議で提案する場合も、あえて選択肢という形で提案します。結論を1つにするのではなく、強気だったらこう、弱気だったらこうといった具合に最低3パターンの結論を用意していきます。するとその中から決められやすいのです。

そのとき、もし「この案でいきたい」というプランがあるなら、それを「真ん中」にして、ほかは極端にしておくこと。すると、「やっぱりこれだよね」という感じで、あなたの希望のプランに決まります。ちなみにそのとき4つ挙げてはだめです。真ん中の2つで迷うことになり、思うように進行できなくなります。

アイデアはその場で考えず事前に考えてきてもらう

その場でアイデア出しをしてもらう会議の場合は、事前に考えてきてもらいます。宿題を先に出しておけば、参加者が電車に乗っているときやごはんを食べているときでも思考という資源をその会議に向けられるわけですから、絶対に効果的です。そして、アイデアの発散が終わった段階で、できるだけ早く話を整理して選択肢という形にし、決めてもらいます。

仕事の経験が浅い若手が参加する会議の場合は、ポストイットにアイデアを書いてホワイトボードに貼ってもらい、そこから選ぶようなやり方をするケースが多いです。こうすると、みんなの意見を1度に集約できますし、他の人の意見に流されることもなくなります。

結論は必ず出す

繰り返しますが、すべての仕事は必ず「アウトプット」が必要です。それがないものは「仕事」とは呼びません。

たとえば、２つのプランのどちらを選ぶかで議論が白熱したとしても、「今日は時間切れなので来週もう1回やりましょうか」ではなく、議論を通じてそれぞれのプランの懸念材料をしっかり洗い出して「次回までに◯◯さんが裏付けデータを用意する」と決めるとか、「現場レベルでは判断がつかないので上に一旦あげる」とか、仕事が前進する何かしらのアクションを必ず行なうことにします。

そもそも答えも出さずに、「これが悪い、以上」と言うだけの評論家のような人は、いらないわけです。

会議が長引かないためのコツもまとめておきます。

会議の目的は1つにする

1つの会議にいろいろな意味を持たせようとすることがあります。情報共有をしつつ、顔合わせも兼ねつつ、ブレストもしつつ、何かを決めようという会議だと、参加者の目的意識がマチマチなのでアウトプットが中途半端になりがちです。

決めることが複数あるなら、1つずつ確定させていく

複数のことを決めないといけないときに、何かを押したら、何かが引っ込むという現象がつきものです。たとえば盛り込む機能が変われば販売価格が変わるように。でもそれだと議論が堂々巡りになりやすいので、優先度の高そうなものから1つずつ確定させていくと効率的です。

多少強引かもしれませんが、経験上、このやり方なら必ず早く結論が出せますし、時間内にすべてが終わらなかったとしても一部は確定できますから、次回の会議の論点は絞られます。

全員賛成を目指さない

反対者を納得させるための仕事は本当にムダです。会議はケンカの場でもマウンティングの場でもないのと同時に、仲良しごっこの場でもありません。組織にとっての最適解を抽出することが唯一の目的で、本来そこに感情は入り込んではいけないのです。

その会議は本当に必要ですか？

会議の目的はアウトプットであることはすでに書いた通り。ですから、アウトプットから逆算すればそもそも会議を設けなくていいケースもあります。

情報共有だけだったらメールで済ますとか、親睦を深めたいならチームディナーに行くとか、目的によって手段が変わるのは当然のことです。会議という手段にこだわる必要はありません。

たとえば当社では定例会議の数は限られています。

条件としては大きな意思決定をしなくてはいけないケースで、動画のコンテンツの編成を決める会議や、投資などの意思決定をする会議、会社の方向性を決める会議など、経営レベルに近い話が主体になります。

現場レベルについての課題は会議まで持ち越すのではなく、部下には課題が発生した時点でその場でコミュニケーションを取り合い、解決してもらうように奨励しています。私もＬＩＮＥで現場の担当者たちにかなりの頻度で進捗確認をして、課題の早期発見に努めるようにしているので、ありがちな「形骸化した定例会議」のようなものはありません。

会社によっては、「進捗を聞く」だけの会議もありますが、それこそクラウドで共有すれば集まる必要はありません。

もちろん臨時で会議を開く場合もありますが、そのときは先にお話ししたことを心がけて手短に終わらせるようにしています。

いかにあなたの会社の「会議」を変えればいいか

あなたの会社でこれを推し進めようとする場合、現実的な話をすれば、会議の権限者がダラダラと議論をするのが好きなタイプだとなかなか言い出しづらいところがあるでしょう。「俺の話が聞きたくないのか！」と感情的になる人もいます。

でも、自分が会議をリードできる立場にあるなら、積極的に10分単位の会議を取り入れるなど、**いかに会議の総量を減らせるか**を意識するといいでしょう。

普段から会議が多い人は、それだけで1日数時間分の時間が浮くはずです。

外部の方との打ち合わせもこんな感じで時間を短くできると思います。

なお、逆パターンとしては、あまり会議を早く終わらせると、結論は出たのに消化しきれない人がいたり、「よくわからないけど腹落ちしない」と言う人も出てきます。それだと会議自体は短くなっても、その後のオペレーションで滞りが出ることもあるので、面倒でもあえて「会議をした感」を出さないといけないケースもあります（合理的なメンバーだけで仕事をしていればこうしたことは起きませんが）。

そんな人がいそうな場合は、会議でその人の話に耳を傾けておくとか、少し留意してみるとよいと思います。

2 「議事録」はその場で補助の補助にすぎない仕事に時間を使うな

日本企業に根強く存在する時間泥棒の1つは議事録です。

会議自体が目的達成のための補助手段に過ぎないわけですから、その議事録は、いわば「補助手段を補助するツール」。最優先すべき仕事であるわけがありません。

それなのになぜか議事録を書くのに3時間くらい平気でかける人がいます。

それはおそらく完璧主義者の上司か、よほど暇な上司が、分厚い議事録を求めた結果、その部署で代々踏襲されてきた慣習であるのでしょう。

議事録の目的はその会議で出た結論とその理由を簡潔にまとめることです。よく議事録を残すときのルールとして、発言者を明記しろとありますが、それは責任逃れのための作業でしかありません。

「何が決まったか」、もしくは「何が形として残ったのか」。

それだけ整理しておけばいいと思うのです。

だとすればワード1～2枚で十分役目を果たせるのではないでしょうか。

したがって、会議中からどんどん情報を整理しながらワードに書き込んでいって、会議がお開きになるときに、「誰がいつまでに何をする」「決まったことは何か」をスライドに映してみんなで確認して終わりでよいはずです。そうすれば、会議中に議事録は完成します。

それで何か言われたら（たとえば「誰の発言で決まった」ということは必ず入れてほしいと言われるなど）、次回からそれについて足せばいいでしょう。

ちなみに私は議事録自体ほとんど読みません。

自分が参加した会議なら結論部分（主に自分がやるべき新たなタスク）をその場で手元にあるＴＯＤＯリストに付け加えてしまうので、あらためて見る必要がありませんし、時間がなければホワイトボードを写真に撮って、あとで必要な情報だけ抜き出すようにしています。

自分が参加できなかった社内会議については担当者に直接聞いたり、ＬＩＮＥで結論を確認するようにしています。こうしたやり方で不都合を感じたことは１度もありません。

3 「社内用レポート」は3分 老眼上司のための仕事はいらない

報告書・日報など、情報共有のためのレポートを作る作業に時間を割きすぎている人もたくさんいます。しかも、それはほぼ上司を納得させるために書いているわけで、その時間を実務に当てられたら、確実に生産性は上がるでしょう。

レポートというものは紙ベースで仕事をしていた時代、つまり個人の仕事のプロセスがブラックボックスだった時代の名残です。今はクラウドがあるのでホウレンソウ（報告・連絡・相談）はリアルタイムで行なうのが基本です。

日報や報告書の目的は、会社に必要なKPIを確認することです。

当社でも業務に関するあらゆる数字はクラウド上のエクセルなり専用ツールで管理しているので、私や管理職のメンバーはそれをいつでも閲覧できます。それゆえ当社では上司に報告するためだけのレポートは存在しません（提案書は別です）。

朝起きたら私はそうしたツールで日々更新される会社の主要ＫＰＩを中心に確認作業をします。数字におかしいところがあった場合は即座にＬＩＮＥで担当者、もしくは担当チームのスレッドに質問を投げます。

そこで問題が解決すれば、会社に着く前にＰＤＣＡでいうところの「チェック」と「アクション」ができるわけで、課題を放置するというムダが起きません。もし解決できなさそうなら、次回の会議のアジェンダにあげておくか、必要に応じてチームミーティングを実施させます。

そもそも、紙で報告される時間を待つのもムダです。それより数字だけ入力してもらったほうが早く対応できますし、報告する側も楽でしょう。

先日、主にＢtoＢのオンラインサービスを展開するアリババの経営者とお話しさせていただく機会に恵まれたのですが、アリババでは数字の管理は専用アプリ上で行なっているそうです。

部下はそのアプリに数字をデイリーで記入して行き、それに対して上司が「この数字はどうやって改善していく予定か？」といったコメントを書き込めるようになっているそうです。ですから、課題を解決するための話し合いはその都度行なう必要はあっても、状況をアップデートするだけの定例会議は必要なくなるわけです。

部下からすれば逃げ場がないので正直きついかもしれませんが、組織のスピード感でいうと非常に合理的な仕組みだと思います。

「数字の羅列だとわかりづらいからレポートにまとめて報告しろ」というのは、正直、「自分は数字が苦手だ」、もしくは「老眼で細かい文字が読めない」と言っているようなものです。大企業ではありがちですが、組織から見ればただのブレーキでしかありません。

なぜ日本企業ではレポートが多いのかと考えてみると、「レポートを読み、判子を押す。以上」ということが仕事だと思っている管理職が多いだけなのかもしれません。

そうはいっても、一朝一夕でなくなるものではないでしょうから、「上司が本当に必要とする情報は何か」を確認して、それだけを書くようにするとよいのではないでしょうか。上司としても「この記述はムダだな」と思っていることもあるかもしれません。

これは会議にしてもレポートにしても同じで、もっとムダを排除できる可能性があるのではないかということを、本当は上司としっかり話したほうがいいのです。

ただ、頭の固い上司の場合だと難癖をつけられたと思って怒り出したり、評価を下げられたりするので、進言の仕方には気をつけたほうがいいでしょう。

4 「仕様書」「事業計画書」はいらない

どうせ変わることに時間をかけない

いわゆるアジャイル開発の話になりますが、完璧な仕様書をいきなり作ろうとすることもやめるべきです（エンジニア以外では企画書もその類かもしれません）。仕様書がないと物が作れないとなると、仕様書を作っている間、エンジニアは待たなくてはいけません。

それはプロジェクト全体からみたら明らかなタイムロス。

市場の変化がめまぐるしい今の時代、世の中の流れを先読みして他社よりも先に行動することが何より求められるわけですから、プロジェクトリーダーとしては「いかに1日でも早くリリースにこぎつけられるか」ということを最優先すべきです。

1日、1週間、1か月の遅れが、失敗の要因となるのです。

そもそもプロダクト開発でいきなり仕様書をしっかり作ったところでその仕様自体、仮説に過ぎません。

プロトタイプを実際にユーザーに触ってもらったら「こんな機能要らない」とか「操作がわかりづらい」とか「こんな機能もあればいいのに」といったフィードバックがどんどん出てきます。

そのときにすぐに自社のエンジニア、もしくは外注先にフィードバックして、高速で仕様を改善できるかどうかが重要であって、そこに完璧な仕様書がドン！と鎮座していると、「こっちはおたくの仕様書通りに作ったんだから、ころころ仕様を変えないでよ」と不満を持つかもしれません。こうした内部衝突も本当にムダです。

それだったら最初の商品企画の会議の段階からエンジニアも参加してもらって、最初から細かいところまではあえて詰めず、「とりあえずこんな感じかな」で一旦作って触ってみて、動かしながら改善していったほうが結果的にいいものが早くできあがると思います。

エンジニアが受け身だとそれでも嫌がることがあるかもしれませんが、プロトタ

›› 仕様書はいらない

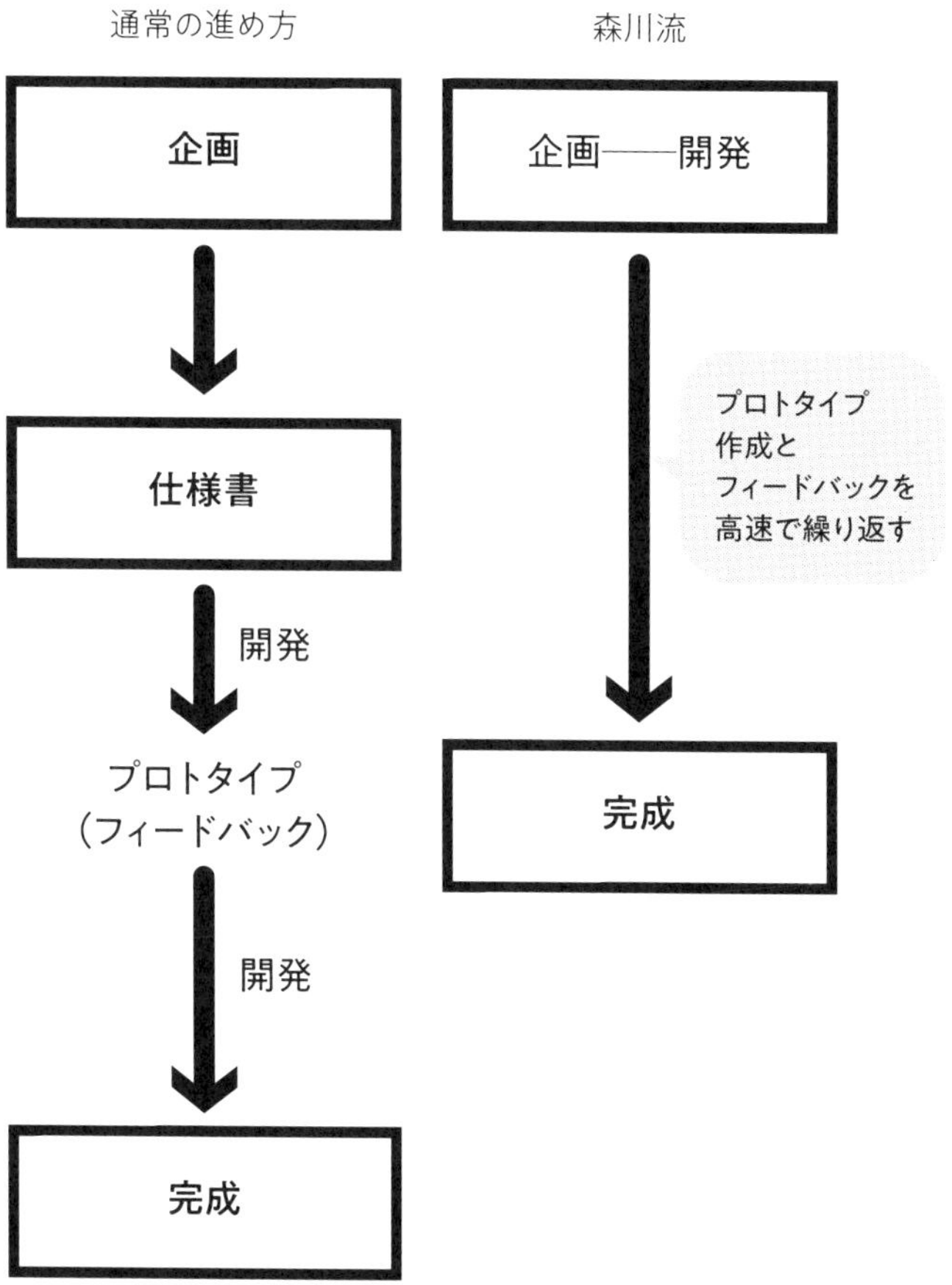
通常の進め方
森川流
企画
企画――開発
仕様書
プロトタイプ
作成と
フィードバックを
高速で繰り返す
開発
プロトタイプ
（フィードバック）
完成
開発
完成

イプがあるからこそ見えてくる課題というものは絶対にあるわけです。それをムダな仕事だと解釈する作り手は少なくともベンチャー企業には向いていませんし、市場価値はどんどん下がっていくと思います。

仕様書は確認事項の漏れを防ぐためには重要なものではあるものの、実際に必要になるのは主にプロジェクトを引き継ぐときでしょう。つまり、プロダクト開発の最後にきっちり帳尻が合えば十分で、開発の過程では口頭ベースやメモ書きベースで仕事を進めても大きな漏れはない気がしています。

必要であれば、**リリースしてから仕様書を整理するのはありでしょう。**

事業計画書は、「最悪のケース」が重要

仕様書と似た話としては事業計画書も同じです。5年先のビジネス環境など絶対わからないわけですから、指針にはしつつも、そこに必要以上にとらわれてしまうと組織の柔軟性が損なわれてしまいます。

事業者の目的は「事業を成功させること」であって、事業計画書を作ることはそ

の手段でしかありません（でも大きな組織では役割分担があるため、経営企画部は完璧な事業計画書を作ることを目的とするわけです）。

もちろん事業計画書を作るメリットもあります。

私が大事にしている視点は**「最悪のケース」をどれだけ想定できるか**、です。

未来予測は難しいですが、そうはいっても計画を立てるときの前提条件（たとえば特定の市場の伸び率など）は数が限られてくるので、それら前提条件の組み合わせを考えれば20個くらいのシナリオは描けます。

そのシナリオの中でも特に悪いシナリオにフォーカスして、たとえそのケースになっても組織が倒れないようにリスクを分散しておくといった施策はとれますし、心の中で準備しておけるので、いざというときに迅速な意思決定ができるというメリットもあります。

5 「提案書」「プレゼン資料」は型化で10分

「提案書作りに追われて今週は毎晩終電だったよ」

「徹夜でプレゼン資料を仕上げたよ」

ビジネスパーソンであればよく聞く話です。

私も仕事柄、講演などに呼ばれてプレゼン資料を作らないといけないこともあるのですが、私は時間をかけません。

より正確にいうと、昔は時間をかけていた時期もありましたが、その都度自分の中でフォーマット（話の流れ、構成など）をストックしていった結果、今では「このパターンかな」というものを引っ張り出してきてパーツだけを入れ替えるようにしています。

それでものすごく良い出来のスライドになるかというとそうではないのですが、

»10分プレゼン資料

（構成は決めておく）

1 メインメッセージを振り分ける

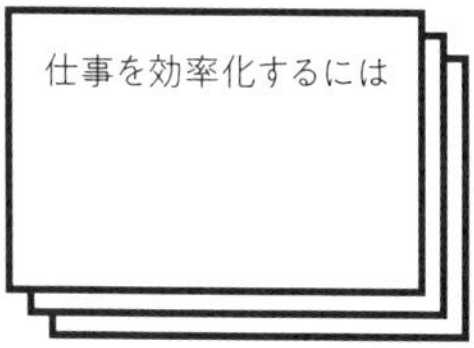

2 写真を張りつける

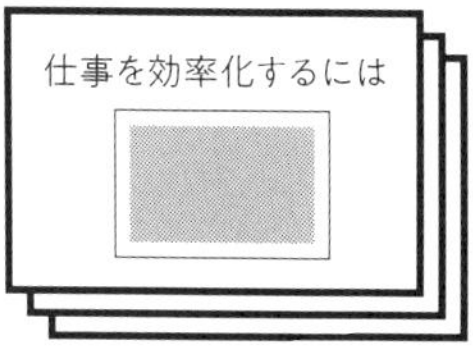

3 キーワードを張りつける

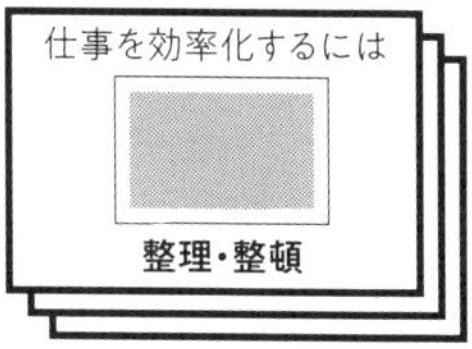

あとはきちんと話せればOK

100点満点を目指すよりは70点、80点で良しとして、スピードを優先するようにしています。完璧主義になる必要はありません。大事なのは中身であり、それが最終的に相手に伝わればいいだけの話です。

パワーポイントの資料を作るというとものすごく手間のかかるイメージを持たれる方が多いと思いますが、10分で作ることだってできるのです。極端な話、メインメッセージとなる項目を大きな見出しとしてパパっと振り分けて、そこに写真を貼りつけ、キーワードを1個つけて、あとは喋りでカバーするのでもなんとかなるわけです。

そこまで簡略化すれば、それこそ10分くらいで資料が作れます（ただし、どんなメッセージを伝えるべきか明確になっていることが前提ですが）。

大事なことは、伝えたい中身ですから、構成が味気なくてもおそらく誰も気にしません。**それを気にするのは資料を作った本人だけだったりするのです。**

中身もある程度充実させたとしても、せいぜいパワポをいじっている時間は2～3時間で済みます。

ちなみに、アマゾンでは、パワーポイントは禁止されていて、テキストでロジカルに伝えなければならないルールになっているそうです。こちらのほうが本質に近いのではないでしょうか。

「型化」のススメ

パワポの資料をスムーズに作る手順としては、やはりパワポを開く前に構成を考えておくことでしょう。

多くの方は資料を作ろうとパワポを開く段階になって、「さてどうしよう」と準備をはじめます。でも、それだと効率が悪すぎます。

まずは資料の構成を考えておいて、次に必要な情報を集めて、素材が揃った時点でパワポを開くと集中して作業を進められます。少なくとも私はなるべくそういうふうな流れで作っています。

　また、現時点で「型」をあまり持っていない人は、型化していくことを前提に構成を考えてみてはどうでしょう。すると必然的に「背景、結論、理由、補足データの順」とか「守破離」とか、汎用性の高い構成にしようと思うはずです。

　構成についてはプレゼンが上手な同僚の資料をコピーして、中身だけ入れ替えるのもいいでしょう。最短で結果を出したいなら、成功している人のフォーマットを踏襲することが一番手っ取り早い方法です。

　せっかく社内にリソースがあるなら、どんどん「パクる」べきです。ゼロから作らないと気が済まないというのなら、少なくともそれは自己満足の領域であることを自覚する必要があるでしょう。

》真似るなら、「普通」なのにうまくいく人を参考に

　なお、真似をするなら、誰が見ても「うまい！」という人ではなく、**喋りも中身も普通なのに、なぜかプレゼンがうまくいく人**を参考にするといいでしょう（そも

そも本当にうまい人の仕事はなかなかマネができません）。

そして、「その人のどこが上手なのか？」と分析するとよいと思います。私が見たところ、それはおそらく話の流れ、つまり構成がうまいはずです。

たしかに自分なりに試行錯誤して学んでいくプロセスも大事です。でも、同時に教育は時間もお金もかかるものです。自分が高めていきたいと思っている領域は時間を費やしてもいいのかもしれませんが、最短で結果を出すならフォーマットを最優先したほうがいいと思います。

6 データは3つで十分 データ収集の前に結論を見せる

社内の提案書や資料を作成するとき、データ集めは意外と時間がとられます。

プレゼンしたときに、「このデータがない」「ここのロジックが成り立たない」と言われたりすることを恐れて、事前にあれもこれもと揃えようとするのだと思います。

しかし、それだと、いくらデータ集めをしてもきりがありません。

それなら、先に結論を上司に伝えて、「どんなデータが足りていないですか？」「どこがわからないですか？」と聞いてみたらいいと思います。そしたら、指摘されたデータだけ用意すればいいですよね。あれもこれも準備する必要はありません。

そもそも上司にしても、**「データも必要だけど、まず先に結論がほしい」**という場合が多いと思います。だったら結論と今あるデータだけ先にメールで送って、「ここが足りない」「こんなデータがあるともっと説得力が増す」と言われたものをあらためて足すというほうがスピーディーです。

データは3つで十分

資料で展開するロジックの中で、どんな数字を載せるのかということも悩みの種になりやすいと思います。しかし、意外と多いのが、資料を作った側はよかれと思っていろいろなデータを載せても、聞く側は数字が多すぎてロジックが頭に入ってこないということです。

結論からいうと、ロジックを補完する数字は、3つぐらいあれば十分です（実際に分析するときはもっと多くなりますが）。

しかもその数字はその都度探すのではなくて、日頃からKPIなどを意識して、用意しておくのが理想。それをただ盛り込むだけにすれば時間がかかりませんし、プレゼンのときに突っ込まれても適切な回答ができるはずです。

また、急ぎの時は、情報を集めるのは同僚にお願いしてもいいでしょう。「こんなデータない？」と聞いてみると意外と持っている人はいるかもしれません。極端な話、あるデータがどうしても見当たらないならツイッターなどで「こんなデータを探しています」と投稿したら、詳しい人が教えてくれるかもしれません。その間、自分は別の仕事ができます。

7 データは本当に必要か

仮説精度を高めるために情報を集めることは大事ですが、ありとあらゆる情報を集めようとする人が多い気がします。

今の時代、情報は集めようと思えばいくらでも集められるので、はっきりいって際限がありません。

それがもたらす弊害は、情報を集め、思案している間に世の中が変わってしまうことです。すると永遠に情報を集め続けないといけなくなるので、いつの間にか「研究職」のようになってしまっているビジネスパーソンもいます。

ビジネスと学術研究の最大の違いとしては、ビジネスは必ず実行が伴うことです。

仮説がないまま実行に移すのも問題ですし、情報がないまま仮説を立てるのもまずいと思いますが、いざアウトプットが必要なときにデータを探すのではなく、日頃からアウトプットを前提に、アンテナを張っておくべきです。

たとえば会議で新商品のアイデアが出てきたときに、そこで営業担当者が「じゃあ、お客さんにヒアリングして報告書にまとめますね」と言うのではなく、日頃からお客さんの声を集めておいて、その場でユーザー目線の意見を言える、ということです。

そこで出てくる情報はもしかしたら数字の根拠に基づくものではないかもしれません。でもそもそも意思決定をするときに毎回データが必要なのかといったら必ずしもそうではないはずです。大方の方向性くらい示せばいいこともあるでしょう。

それなのに、ごく小さなことでもデータを求めたがる風潮があります。

なぜそのような非効率さがまかり通るかというと、大きく2つの状況があると思います。

1つには、大企業になると誰もが失敗したときの責任を負わされたくないからです。その結果、「データ上ではこうだったんです！」という逃げ道を用意するためにデータ至上主義に陥ることが多いのです。

また日本企業では、会議の仕組みそのものが「全員賛成ではない限りやらない」という風潮があるからだと思います。

ディベートに不慣れな日本人は、反対意見を言われるとケンカを売られたと感じる人が多いでしょう。ですから全員賛成にするためには、全員が納得できる客観的なデータと分厚い資料が必要になります。そしてそれを用意するために社内の貴重なリソース、つまり社員たちの時間を浪費しているのです。

でも会議の本質は「多様な意見を出し合ってその中から正しい答えを選ぶこと」であり、全員を納得させることではないはずです。間違った観点から情報収集に明け暮れる大企業の人たちを見ていると、「本当にそのデータっているの？」といつも感じてしまいます。

しかも、ようやく全員納得させたところで市場はどんどん変化しているので、うまくいく保証などありません。

逆にいえばスタートアップやベンチャー企業の強みは、大企業が社内調整や調査に時間がとられている間に迅速に動けることですから、ベンチャー企業にいる私たちはなおさら情報収集の作業も高速化していかないといけないのです。

さて、データ主義の社内で、こうした問題を、どう解決すればいいのか。

まずできることとしては、**反対しそうな人にあらかじめ、「どのあたりが懸念されるか」を聞いておき、それを払拭できるデータを集めるということでしょう。**向こうは自分の意見を聞いてくれたと思いますから、頭ごなしに反対もしてこなくなるかもしれません。

8 日頃の情報収集は朝10分

日頃の情報収集に時間がとられている人もたくさんいます。

スマホというツールがもたらすデメリットは、手元に誘惑があること。仕事のためなのか趣味のためなのか理由も判然とせず、なんとなく習慣でSNSのタイムラインやニュースサイトをチェックしている人も大勢いるはずです。

でも実際にそこで目にする情報の9割はノイズです。でも厄介なことに「時代にキャッチアップした気がする」という感覚が湧くので、罪悪感を抱くのはおろか、勉強した気になる人もいます。

まったく見ないよりはいいのでしょうが、キリがないというのがネックです。

私は情報収集の時間は朝に確保しています。

チェックするのは10件くらいのニュースサイトと紙の新聞。量は多いかもしれませんが、基本的には見出し読みなので、その場でじっくり読む記事は多くありません。たとえばアメリカの雇用統計がどうなった、といった記事の見出しが配信されていたら、そこから実際の記事を読まなくても正直困りません。雇用が上向いているか、落ち込んでいるかという大きな流れが把握できていれば十分でしょう。そして仕事で提案書などに書く必要が出たときに、あらためて具体的な数値を調べればいいだけです。

さらに私は、基本的に必要な内容以外は一切読まないようにしているので、見出しをクリックするかどうかも、おそらく普通の人よりかなりシビアに見極めていると思います。

「なぜ自分はこの記事を読むのか？」
「それを読むことで何を学びたいのか？」

こうしたことを自問して、はっきりとした答えが出ないものは、少なくとも今の自分には必要ではないと判断しています。

シェア数が多い記事を読む

見出しレベルで少し興味を引いた記事があると、中身は読まずにどんどんツイッターでシェアします。

そして仕事を終えて家に帰る途中に、そのシェア数などをチェックして、反応がいいものだけを読むようにしています。

シェア数が多いということは世の中で価値のある情報、もしくは一般の人が求めている情報ですから、読む価値はあるだろうという考えからです。特に私はデジタルメディアに携わっているので、「どういうコンテンツが共感されやすいか」という感覚は常に磨く必要があるのです。

情報の取捨選択という意味でも、また時代にキャッチアップするという意味でも、このやり方が最も効率的だと思っています。

他人のタイムラインは見なくていい

ちなみに他人のタイムラインはあまり見ません。そこに氾濫しているのは2次情報、3次情報がほとんどです。起業家的な視点でいうと1年前の新聞を読んでいるような感覚で、あまり価値を感じないのです。

普通のビジネスパーソンの方が、自分が尊敬する人をフォローして、その人がシェアする情報をチェックするというフィルタリングの仕方はアリだと思いますが（私のようにフォロワーをフィルター代わりに利用する人だとダメですが……）、知りたいテーマが決まっているなら、**グーグルアラートでキーワードを登録して最新ニュースが自動的に集まるようにしておく**ほうが、はるかに時間効率がいいと思います。

9

読書は1冊30分読まないよりは目次だけでも見る

成長に欠かせないものとしては読書があります。

私が会社員をしていたころは、電車での通勤時間は本を読むか、英語の勉強にあてていました。本は主にビジネス書です。読書の習慣は今でも毎日、ちょっとした空き時間を使って続けています。

ただ、当時と状況がまったく異なるのは、時間の余裕がほとんどないことです。だから今の私は基本的に速読しかしません。1冊を長くても30分で読むくらいのペース。場合によっては1時間で5冊読むこともあります。

目標設定を自分に課しながら、少しずつ読むペースを速めて身につけた技術ですが、簡単に紹介したいと思います。

まずは目次の章立てをざっと眺めて話の全体像をつかみ、その中で自分が知りたい情報がありそうな箇所をパラパラと眺めます。各章の最後にまとめなどが記載されていたり、大事なポイントが太字で書かれていると理想的で、そこだけ目を通して終わりということもあります。

ニュース記事を読むときと同じで、「なぜ自分はこの本を読むのか？」「何を学びたいのか？」というアウトプットを先にイメージできると、速読であっても重要なポイントは外さないと思います。当初立てた仮説と異なることもありますが、それもメモしておけば学びにはつながっていきます。

そもそも本を完璧に読まないといけないルールなど存在しません。

自分にとって最も価値があるところだけをつまみ食いするという方法もあっていいはずです。

他の人が読むのと比べたら私の理解度は多分50パーセントくらいしかないでしょう。でも肝心な箇所についてはちゃんと理解しているので、結果的には読まないより読んだほうがプラスになっていると思っています。

読書は時間をかけていいというのは誤りです。

むしろ、時間を決めてその範囲で消化する、と決めて読んだほうが、よほど効率的に身になります。

10

メールの時短術

メールはすべて読まなくていい

何かと時間がとられ、しかも実際にどれだけ時間を割いているのか把握しづらいのがメール処理。仕事のスピードを上げたいなら真っ先にメスを入れたい領域です。メールを処理するときのマイルールがいくつかあるので、紹介しましょう。

メールは移動中か会議中

仕事中にメールを追っているときりがない、というのは皆さんも感じるところだと思います。私はメールをする時間を決めています。基本的には、移動中。そして、大事ではない会議中です。ちなみに私は、メンバーが会議中に別のメールをしていても、結果をきちんと出していれば、なんとも思いません。

すべてを読まない

私が1日に受信するメールは300件くらい。これ以外にもチャットで50件くらいメッセージを受けるので、すべてを読む暇がありません。ですから私は受信した段階で送信者とタイトルと最初の数行のプレビューで、読むか読まないかという判断を瞬間的に行なうようにしています。

そしてこれは読むべきだと思ったメールは一旦開きます。すると色が変わるので、それを後で、まとめて読むようにしています。ちなみにここで読まなかったメールの一部は、念のために週末に目を通します。

おそらく真面目な性格の人はメールがくるたびに全部読むのでしょう。情報量が多い時代にすべてを読んでいると、それだけで1日が足りなくなるので、「読まない勇気」を持つことは大事だと思います。実際には、全部読まなくても、書いてあるであろうことを想定して返信して間に合うことだってあるわけです。

そもそもメールでくる情報というのは、質問か提案か情報のシェアのいずれかで、このうちの情報のシェアについてはあえて忙しい日中に読む必要はないでしょう。行き帰りの電車の中や週末に読めばいいと思っています。

メール処理を「読む」「考える」「書く」に分解する

メールの処理で時間がとられる方に多く見られるのは、メールを読み、返事を考え、書くという一連の行為を、ひとかたまりとして処理しているケースだと思います。私は仕事をジョブとタスクに分けて考えるようにしていますが、メール処理を「読むタスク」「考えるジョブ」「返信するタスク」という3つに分解すると、処理速度は確実に上がります。

先ほど私はメールの処理を基本的に移動中にすると書きましたが（これについては第2章で解説します）、それは歩きながらでも「読むタスク」と「考えるジョブ」がこなせるからです。そこで返信すべきメールの選定と回答を考えておいて、会社に戻ったときに「返信するタスク」の時間を設けて、一気に返信するようにしています。

特に意識したいのが、考える時間と返事を書く時間を一緒にしないことです。

その場で即答できるならいいでしょうが、返事に悩むなと思ったら、一日返事を書く行為を忘れて、結論を考える時間を作ったほうが効率的です。それをしないとメーラーを開いて、ああでもない、こうでもないと考えながら、書いては消してを繰り返すことになり、時間のムダを生みやすくなります。

できるだけ簡潔に書く

メールが長い人は、どのようなメールを書いても、いつも長いものです（こういう人はチャットでも長文を書いてきます……）。

メールが長くなる人は2種類いて「話をうまく整理できない人」か「極端に丁寧な人」に分けられます。

前者の場合は**「相手がメールを開いてから3秒以内に結論が伝わるか」**と意識してみてはどうでしょうか。イエスかノーを伝えるのに15分くらいかけて長々とメールを書く必要はありません。否が応にもメールを書く時間もメール自体も短くなるはずです。

私は返事を書くときはだいたい10秒以内（分ではなく秒です）。結論だけ書いて送る感じで、それこそLINEでスタンプをポンと送るようなイメージです。場合によってはスタンプを返すだけでも、仕事が進むことだってあります。

後者の丁寧なメールについては相手がマナーを重んじる高齢者だったら仕方がないですが、少なくとも40代くらいまでのビジネスパーソン同士だったら、過度に丁寧なメールを書く行為は、むしろ「仕事が遅い人」「昭和の感覚の人」というマイナスイメージを持たれることもあります（ちなみに、LINEやフェイスブックのメッセンジャーで送るのは失礼だと思っているような人も、仕事が遅いイメージがあります）。

それくらい省略文化が浸透したと感じています。丁寧さを重視するくらいなら、いかに速く簡潔に返信するかを意識したほうがいいかもしれません。

ちなみに断るときは、スタンプが便利です。メールだと印象を悪くしないように長文が必要になるかもしれませんが、スタンプなら簡単に「角」がとれるからです。また、メールでもLINEでも、断るときはできるだけ早く返事をするのがマナー。これは謝罪するときも同じです。

ccは使わない、読まない

メール固有のcc（カーボンコピー）。管理職になると必然的にメールの多くはccが占めていくようになります。

しかし、ccの存在意義が中途半端というか、人によって狙いがマチマチで、「上司であるあなたをccに入れているんだから、困ったときは助けてくださいね」といった意図のccが多すぎる気がします。

もしかしたらそれは、仕事をしたふりをしたい上司が、「俺もccに入れておいて」と言ってくるケースが世の中に多いことが影響しているのかもしれません。

だからといって途中経過を逐一報告されても処理しきれないので、私はccで送られてきたメールは一切見ませんし、自分も使いません。

読んでほしいならtoで送る。参考程度なら送らない。そうしたメリハリが大事です。

24時間以内に返信

世の中にこれだけチャットアプリが普及した現代において、緊急の要件でメールを使う人はだいぶ減ったと思います。

ただ、そうはいってもメールを1週間も放置するのは問題なので、質問や提案のメールであれば24時間以内に返信することを自分なりの目安としています（もちろん緊急なものは別です）。

なかには返信するために社内調整や熟慮する時間が必要な場合もあるでしょう。そのときも「調整（検討）しますので、1週間時間をください」といったように、相手が次のアクションをとれるようにボールを一旦返すことを意識しています。

それだけでも仕事はよりスムーズに進みます。

第2章

10分で区切る

「仕事がたまる」ということについては、心理的な作用による段取りの悪さが原因の1つではないかと思います。

たとえば、すぐに終わらなそうな仕事、どこから手をつけていいのかわからないような仕事はとりかかりづらいですし、また日々の細々とした仕事も、たくさんあると何から手をつけていいのかわからなくなります。

結果、「とりあえず」目の前の仕事からとりかかりはじめる。

こうした仕事の仕方が、「仕事がたまる」「仕事が終わらない」原因になります。

そうならないために、私は仕事を10分に分けることにしています。

もちろん、そもそも10分かからない仕事もありますが、大き目の仕事は10分で終わるくらいのサイズに分け、TODOとして考えます。

さて、皆さんのTODOリストは、どんな形になっていますか？

□プレゼン資料を作る

□販促プランを練る

などとなっていないでしょうか？

仕事をためたくないなら、ＴＯＤＯリストは10分ごと。

□プレゼンの構成を作る（10分）

□必要なデータを用意する（10分）

□各ページにキーワードと、必要なデータを貼る（10分）

といった形で考えるとよいと思います。

すると、今何をすべきかがわかりますので、すぐとりかかれます。また、10分なので、スピードに乗って次々と片づけていけます。

早速、10分刻みのＴＯＤＯの作り方を紹介しましょう。

1 日々のTODOを「10分」で考える

私はいつも仕事を「ジョブ」と「タスク」の2つに分けて考えるようにしています。
ジョブというのは頭を使わないといけない仕事。
タスクというのは頭を使わずにできる仕事です。

タスクは、上司からコピーを依頼されたときのように単体で発生する場合もありますが、ある仕事を分解していった結果、その大半が複数のシンプルなタスクから成り立っているだけの場合もあります。つまり、大きくて複雑な仕事も、分解すればその多くが単純な仕事だということです。

この点は、かなり重要です。たとえばプロジェクトを丸ごと任されたときのように、優先度が高く内容が複雑で、なおかつ比較的大きな仕事を受けると、それをひとかたまりの仕事として捉えて気後れしてしまう人が少なくありません。

大きな仕事や複雑な仕事が目の前にあると、多くの人は「今やろう」ではなく「いつかやろう」と思ってしまいます。ほぼ無意識状態で先送りをするわけです。

そうすると大抵、期限ギリギリになって追い込まれて中途半端なままで終わるか、期日に遅れてしまいます。もしくは本当に大事なジョブに時間を使えなくなって、そこそこの結果しか出せなくなってしまいます。


では先送りしないためにはどうしたらいいか。それは仕事をプロセスで一旦分解してみることです。そして、それぞれのプロセスにどれくらいの時間がかかりそうか予測を立てることです。

すると全体感が見えるので、最終的な期日に間に合わせるために今日は何をして明日は何をして、という「今やるべきこと」が明確になり、「いつかやろう」という発想が自然と消えていきます。

私はそれを毎日の仕事に落とし込むために、すべての仕事を、できるだけ「10分で終わるＴＯＤＯ」で考えるようにしています。

それぞれのタスクを「10分で終わるだろう」というレベルまで分解して、実際にそれを10分以内に終わらせていくことで、日中のちょっとした空き時間をフルに使いながらマルチタスクでどんどん仕事を処理していきます。

たとえば新規事業のアイデアを着想して、それを会社のステークホルダーに提案するという仕事があったとき、私なら次のように仕事を分解しています（アイデアを練るというジョブは終わった前提です）。

・**タスク1**（仕事を整理する。５分）：提案書完成までの流れを想像しながらプロセスごとに分解し、それをリストアップ。それぞれのプロセスの期日を決め、手帳とＴＯＤＯリストに書き込む。また各プロセスで注意点などがあれば、それも合わせて手帳に書き込む

・**タスク2**（構成を作る。10分）：白紙のパワーポイントを開き、見出しだけを書

いて構成を先に作る

・**タスク3**（データの手配。10分）：どういうデータが必要か検討。担当者を決め、仕事を依頼する

・**タスク4**（ビジュアル的な仕上げ。10分）：データが集まった時点でパワポに貼りつける。イメージ画像なども貼りつける

・**タスク5**（本文の仕上げ。10分×複数回）：本文を付け足す。文章に凝る必要がある場合はここだけジョブ化。凝る必要がなく10分で終わらなそうなら、複数のタスクで終わらせる

いかがでしょうか。

もしかしたらタスク2（構成作り）で時間がかかる人がいるかもしれませんが、そういう人はそこをジョブとして扱えばいいのです。1～2回経験して慣れてしま

›› タスクへの分け方

【提案書を作る　○月○日まで】

□仕事を整理する（5分）

□構成を作る（10分）

□データの手配（10分）

□ビジュアル的な仕上げ（10分）

えば構成の順番などは自分の中でパターン化されていくのであまり集中していなくてもこなせるタスクになっていきます。

もちろん、そもそも10分で終わる仕事は10分で処理します。

上司から接待用の店を探しておいてと言われたら長くても10分で終わらせると決めるとか、部下に仕事をアサインするときのオリエンを10分で終わらせるとか、必要以上に時間をかけてはいけないものについて、自分なりにデッドラインを決めてしまうのです。

そうでないと、延々とダラダラと仕事

をし続けることになります。

多くの人の仕事は、あらためて振り返ってみると「とりあえずこなしている仕事」が実は多いはずです。そういった「こなす仕事」はタスクの証です。それには「10分」と期限をつけて処理してしまいます。

なぜ、10分か

では、なぜ10分なのか？

それは人が集中できる時間は10分ぐらいが限度だと思うからです。1つのタスクに1時間かけたとしても、その間、終始集中しているかというと実はその半分ぐらいはぼーっとしている人もいるのではないでしょうか。

だとしたら、最初から仕事の大きさを10分単位に刻んでしまって、それを確実に10分でやりきるほうが間延びする時間を減らせます。

10分というタイムリミットを意識しだすと、今まで平気で30分くらいかけていたものがギュッとそこに圧縮されるようになります。

それに10分単位であれば、ちょっとした空き時間に柔軟にその仕事を入れ込むことができます。

たとえば外出先に10分早く着いたとしましょう。多くの人はここで「ああ、10分前か。喫茶店に行く時間もないし中途半端だな」と思って、無意識にフェイスブックなどを開いてしまうでしょう。でも10分単位のタスクを常時抱えていれば「じゃあ、あのタスクを終わらせよう」といって、会社のロビーであってもすぐに集中モードに入ってアウトプットを出せます。

また、会社でまとまった時間があるときも、10分間集中してアウトプットを出して、そこですぐさま次のタスクに切り替えてまた10分間集中する。ちょっと疲れたと感じたら、できるだけ集中力を必要としない簡単なタスクを選んで、それも10分でこなす。ということを繰り返していれば、どれだけ複数の案件を抱えていても共倒れになるようなこともなくスピーディーに仕事を回せるはずです。

目の前にひとかたまりの大きな仕事がドン！と鎮座していたら、どうしても億劫になったり、怖気付いたりする人はたくさんいるでしょうが、それが小分けにされたタスクだったら「まあ、しょうがない。やるか」と思える方も多いでしょう。単に「やるかやらないか」の世界なので、私たちが毎朝、顔を洗ったり歯を磨いたりするときと同じようなノリでササッと終わらせることができるはずです。

2 タスクを終わらせて、ジョブの時間をしっかりとろう

仕事の本質はアウトプットであると書きましたが、アウトプットの質を大きく左右するのがジョブです。

世の中の優れた経営者をはじめ、仕事ができる人は思考の深さや振れ幅、柔軟性などがケタ違いです。なかには天才的なひらめきで生きている人もいるかもしれませんが、ほとんどの人は激務に追われる日々を送りながらも「考える時間」というものをしっかり確保していると思います。

それがジョブにあたる領域です。

どんな仕事でも長期的もしくは複雑な課題は絶対にあり、「会社の未来をどうする」とか、「人材育成の方針をどうする」とか、すぐには結論が出ないような課題をみんな抱えています。

そもそも仕事で出世していくことはジョブの難易度が高くなるということ。社長にもなると目先のアウトプットを出す作業は基本的に現場に任せるので、残された仕事は部下のフォローと意思決定だけになります。

そこで早く思考がまとまればそれに越したことはありませんが、なるべくそういった思考の深掘りやストレッチに時間を割ける環境をしっかり作ることを私は意識しています。

私の場合は定時退社が目標ではないので、ジョブについては邪魔が入りづらい早朝や深夜、もしくは週末に残しておいてじっくりやるという感じですが、もし残業をせずに日中にジョブをこなさないといけない人は、なおさらジョブのための時間をどう作るかということを意識しないといけないでしょう。

そのためには「何がジョブなのか」という本質的な見極めと、ジョブの時間を確保するためにその他のタスクをいかに効率よく終わらせるかという工夫が不可欠です。

3 10分で終わらなそうなタスクの場合

もちろん、どう頑張っても10分で終わらないタスクもあるでしょう。
でも、それもそのタスクをもう少し分解すればいいだけの話です。
タスクが10分で収まりきらないケースは次の2つでさらに分解できるはずです。

・フェーズ（手順）で分ける
・カテゴリで分ける

フェーズ（手順）で分ける

仕事をジョブとタスクで分解したように、仕事という大きなかたまりは実際にはたくさんのプロセスから成り立っています。
たとえばカレーを作るという仕事をざっくりとプロセスで分解すれば、

①ご飯を炊く
②材料を揃える
③肉と野菜を切る
④肉と野菜を炒める
⑤水を入れて煮込む
⑥ルーを加えて煮込む

という6つのステップに分けられます（ちなみにカレーを作るフェーズはすべてタスクであり、ジョブは存在しません）。

でも実際にはそれぞれのタスクが10分で終わるとは限らないわけで、料理が苦手な人ならジャガイモと人参の皮をむく作業だけで10分かかるかもしれません。だとしたら、ステップ3の肉と野菜を切るというタスクを、「野菜の皮をむく」タスクと「一口大に切る」タスクに分解すればいいのです。

実際の仕事では、フェーズを切ることでボトルネックが回避しやすくなります。フェーズを切らないと誰かを待つ時間や、上司の判断を仰ぐところまでひとくくりにされるので、その間作業が進まず、ムダな時間が生まれることになります。

しかしフェーズを切れば、そこで気持ちを切り換えて、待ち時間の間は別のタスクをこなしていればいいので、ストレスなくほかの仕事ができます。たとえば調べものやアンケート調査なども、LINEやメールで部下に投げておいて、次の仕事にとりかかり、データが集まったころにその仕事に戻ってもいいわけです。部下がいない人は「誰か知りませんか」という形でチームメンバーに投げてもいいでしょう。

分けると仕事が振りやすくなる

ちなみにこうやってタスクを分解して時間配分を考える癖を身につけておくことで得られる、地味ながらも大きなメリットがあります。

それは周囲に仕事を振りやすいことです。

仕事に追われてバタバタしている姿を見かねて同僚から「手伝おうか？」と言われたとき、「うーん」と思案した挙句、何を手伝ってもらえばいいかすぐに決断できずに「……いや、大丈夫」と答えた経験のある人はいるでしょう。

これは仕事を整理・分解できていない人の典型的な反応です。仕事を大きなかたまりの状態で抱えたままだと何から着手していいのかわからないので、人にお願いのしようがありませんし、かといって大きなかたまりのまま依頼すると、ただの丸投げになってしまいます。

でも、自分の中で細かいタスクに分解できていれば、野菜の皮をむく作業だけ誰かに頼もうかなという発想が湧きやすくなりますし、「それくらいならいいよ」と言ってもらえる可能性も高くなります。

今の私は社長なので「社長に言われたら断れない」ということもあるでしょうが、私は会社員時代からこうやって仕事を分解して、人に振れるものはないか考える癖がありました。

やはり人には得手不得手があるので、自分が不得手なタスクを得意とするメンバーがいれば、そこはどんどんお願いしたほうが、チームとしてのアウトプットも高まるはずです。

カテゴリで分ける

プロセスとしては分けられなくても、単純に仕事量が多くて10分で終わらない場合もあります。

仮に返信すべきメールが100件あったとしたら、10分では無理です。

そのときはたとえば、

・すぐに返信できるメールとできないメール
・すぐに返信すべきメールと時間をかけられるメール
・日本語のメールと外国語のメール
・プロジェクトごとのメール

など、いくつかのカテゴリ分けをするとよいと思います。

それで10分単位に落とし込めないか考えてみて、それでも無理なら純粋に10分で処理できそうな量で総量を割って、複数のタスクに分解するといいでしょう。

なお、大きなタスクを10分単位に分割した際に、それを連続してやるかどうかは、抱えている仕事の状況次第です。私はどうしても複数の案件を動かさないといけない立場なので、あえて連続させないケースが多いです。

でも、ジュニアスタッフで業務のほとんどがルーチンワークの繰り返しであれば、当然ながら連続して処理していくしかありません。でもそのときでもやはり「10分で処理できそうな量」が見えていることが重要で、それが目安とすべきラップタイムになります。

目安があるからこそ集中力が維持できますし、大きなズレに進展する前に進捗具合がわかるので、人手を借りるなり、ランチを早めに切り上げるなりの調整が図れます。

あらゆるタスクを10分で区切るのは、単純な作業に時間を長くかけないための予防策でもあるのです。

日本人は世界的にみても仕事が遅いといわれています。その理由の1つとしてはスイッチが入るのが遅いことがあります。出社していきなり「アイドリングタイム」と称して休憩に入るとか、「なんか今日はやる気が出ないからゆっくりやろう」とか、やる気がないと仕事ができないことを当たり前のように考えている人が多いと思うのです。

たしかにやる気があれば集中力が高まり、よいアウトプットも出やすいでしょう。だからといってやる気がないから何も進まないというのは、あまりに自制心がなさすぎる気がします。

その点、どんなタスクも10分で終わらせるという心構えで仕事に臨むと、締め切りがすぐ目の前にあるので、やる気があろうとなかろうとすぐに着手しないといけません。終わりを決めることで必要以上に悩むことを防ぐこともできます。

アウトプットが可視化できるとベター

10分でタスクを処理していくリズムを体に覚え込ませたいのであれば、最初のうちは机の上に時計を置くか、もしくはアラームを設定してみてもいいかもしれません。

最初のうちは10分がとても短く感じられて、心理的なプレッシャーも受けるでしょう。でもその刺激が大事です。1分1秒を争う状況に身を置いたらすぐさまエンジンをかけて集中モードに入らざるを得ませんし、タスクが終わっていないのにネットサーフィンをするなんてとんでもない、という感覚が湧いてきます。数か月もすれば10分でアウトプットを出すスピード感に慣れていきます。

理想をいうと、もしアウトプットが数値化できるものであれば、できるだけハードルを高めに設定して「今日は10分でどこまでできるか」というゲーム感覚に落とし込めると最高です。

たとえば「メールの返信を10件分行なう」というタスクを設定して、実際に10分の間に返信できたメール数を手帳などに書き込んでおくのです。最初のうちは5件しか返信できないかもしれませんが、そうやって小さなタスクもKPI化してログに残すと、「どうやったら昨日より速く返信できるか？」と自然に思考がＨＯＷに向きます。

「そういえば営業メールに対してお断りするメールが多いな。じゃあ同じ文章を使い回したほうが早くないかな？　じゃあ過去に書いた文章をコピーして、定型文として辞書登録しておこう」という発想が湧いてくるかもしれません。

しかも自分のアウトプットをデータとして眺めることで自分の成長が見えるため、やり甲斐にもつながるはずです。

1つのタスクが終わったときに、ほっとしない

10分単位でタスクを次から次へとこなしていく時に注意したいのは、1つのタスクを終えるたびにあまり「やりきった感」を持たないことです。

10分であっても集中して仕事をするとそれなりに疲れます。緊張の後に緩和を求めてしまう気持ちはわかるのですが、数時間かけた仕事と同じノリで「やりきった感」をもってしまうと、ついついスマホに手が伸びたりコーヒーを飲みにいったた

り、ニュースサイトを開くようなことになりかねません。

そうなると、仕事の間延びを防ぐために10分単位で細かく仕事を切った意味がなくなります。

仕事の合間の休憩が多い人は、その休憩時間を積み重ねると、一生で1年分ぐらいには平気でなると思うのです。その分、ストレスを軽減して1年分長生きできればいいのかもしれませんが、体力も吸収力もあり、しかもそのときの仕事のアウトプットでキャリアの選択肢が大きく左右される20代、30代の場合は、そんなことで時間の価値をすり減らしてはいけません。

4 TODOを管理する

ではこのように細分化されたタスクやジョブをどう管理するか?

いろいろな方法があるかと思いますが、ここでは私なりの仕事の管理術を解説します。とはいえ少し複雑なので、まずは全体像からお話しして、各論に入りましょう。

ツールとして使うのは手帳とＴＯＤＯリストです。


まず、新しい仕事が飛び込んできたときに真っ先に行なうことは、最終的なアウトプットを決めることです。つまり、「何をいつまでにやる」という、期限と成果物がワンセットになった「ゴール」を明確にします。

そのゴールは手帳のマンスリー欄などに書き込みます。

次に行なうのは中間ゴールの設定。最終ゴールから逆算しながらプロセスをざっくりと分解していき、月ごとのゴールや、3か月くらい先までのものなら週ごとのゴールも決めておきます。そして手帳のマンスリーやウィークリー欄に書き込みます。このとき、優先順位もつけておきます。

言い換えると、新しい1週間が始まるたびに私は「その週で終わらせなくてはいけないこと（アウトプット）」が見えているということです。

次に行なうのはそのアウトプットを達成するためのジョブとタスクの洗い出しです。この作業は主に週末に行ないます。

繰り返しますが、ジョブはそのアウトプットの質に大きな影響を与える思考や創作などの「本質的な仕事」、タスクは「機械的にこなせる仕事」です。

そしてジョブとタスクが明確になったら、手帳のデイリー欄とTODOリストに書き込みます。必然的に内容は重複しますが気にしません。

また、ジョブでもタスクでもない、会議や会食のようなアポについては、手帳のデイリー欄とグーグルカレンダーに書き込みます。

›› TO DOの管理

1 期限・アウトプットを手帳に記入
（月単位のほか、週単位にも分解）

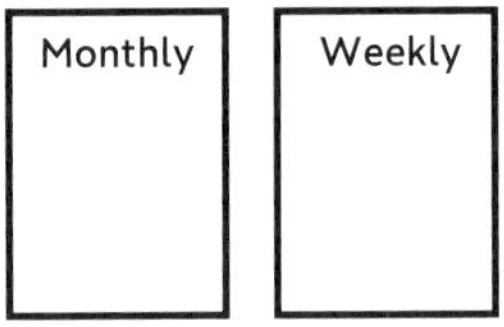

ジョブ・タスクに分解し、手帳のデイリー欄と
別途用意するTODOリストに記入

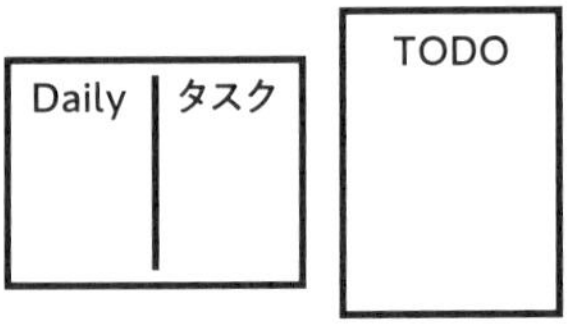

**その場でやるべきことが
出てきたら、
それもその場で記入**

2 週末

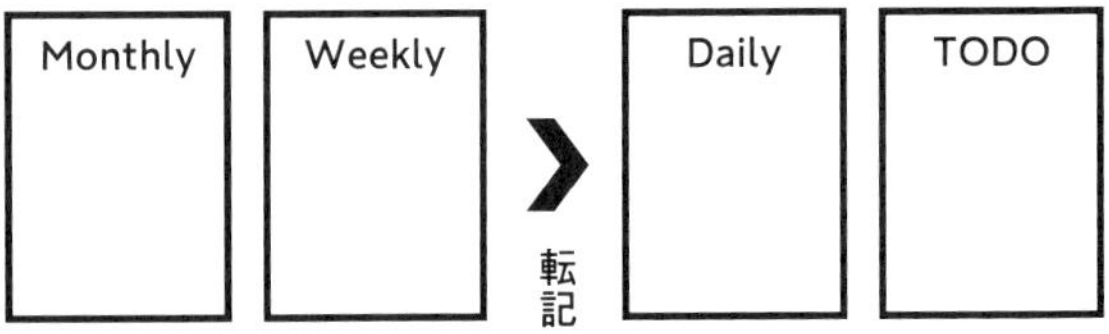

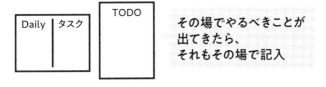

5 課題解決につなげる手帳術

先ほど手帳の話が出ましたが、今の私が自分をハックしていく作業に欠かせないのが手帳です。

手帳については、私はフランクリン手帳と「夢手帳☆熊谷式」を使っています。「フランクリン手帳」は、フランクリン・コヴィー博士の『7つの習慣』のワークブック的な手帳です。読者の方の中にも活用されている方がいるでしょう。

世間的には手帳というとスケジュールを管理する道具というイメージが強いかもしれませんが、スケジュールだけを管理したいならグーグルカレンダーで十分です。私は、フランクリン手帳を課題解決の中心的ツールと位置付けています。

フランクリン手帳のデイリーページは本当にフル活用しています（次ページ参照）。タスク欄にはその日に終わらせるべきタスクが優先順位とともにビッシリ埋まっていますし、スケジュール欄は当然その日のアポで埋まっています。右ページの自由欄には意識づけをしたい数値目標を書き込んだり、その日の行動で注意すべき点（振り返りをした際に導き出した改善ポイントなど）を書いたり、その日に使ったお金や食べたものやそのカロリーなどをどんどん書き込んでいきます（理由は後述します）。

スケジュールについてはグーグルカレンダーにも入力しますし、タスクについても別途ＴＯＤＯリスト上で管理しているので二度手間なのですが、メインはあくまでも手帳です。グーグルカレンダーやＴＯＤＯリストなどは、手帳の補助的なものとして考えています。

実際、手帳にいろいろと書き込む時点で情報が整理されていきますし、手帳を開けば今の自分が何のために、何をいつまでにしなくてはいけないのか、そしてどんなことに気をつけるべきなのかがすべて把握できますし、それを見ながらその場で

›› 手帳（dailyのイメージ）

18
5月（金）
Friday
May 2018
May
S M T W T F S
1 2 3 4 5
6 7 8 9 10 11 12
13 14 15 16 17 18 19
20 21 22 23 24 25 26
27 28 29 30 31
June
S M T W T F S
1 2
3 4 5 6 7 8 9
10 11 12 13 14 15 16
17 18 19 20 21 22 23
24 25 26 27 28 29 30
TASK
【プレゼン資料作成】
□構成（フォーマット）検討
□データ収集
□タイトルづけ
□資料貼り込み
□キーワードづけ
□話の構成を考える
週末や
その日に記入
6
7
8
9
10
11 11:00　開発MTG
12
1
2
3
4 4:00　A社打ち合わせ
5
6
7
8
9
10
11
12
Weekly Monthlyの
手帳から記入

戦略を考えることもできます。

手帳という小さなプラットフォーム上で、自分の抱えている（プライベートも含む）あらゆる課題のＰＤＣＡが回っていくようなイメージです。これはグーグルカレンダー単体やＴＯＤＯリスト単体でできるものではありません。

もちろん、こうした手帳のフォーマットがそのままアプリになったものもあります。アプリのほうが使いやすいという人はそれでもいいでしょうが、私はなんだかんだいって手書きのほうが入力が速いですし、文字の大小やハイライトの仕方などで情報に強弱がつけやすく、そのページを開いたときに情報がダイレクトに脳に反映されるような気がしているので、手書きにこだわっています。

6 メールベースのTODOリスト

自分がこなすべきジョブやタスクが列挙されたTODOリスト。

ほとんどの方が使われていると思いますが、私の場合、TODOリストはメールベースで、なおかつ1週間単位で管理しています。

メールベースとはどういうことかというと、メールの本文の部分がTODOリストになっているということ。それをA4でプリントアウトしたものを常時持ち歩いています。

そういう意味ではワードでもメモ帳でも用は足りるのですが、私は新しい仕事が入ってきたときや何か気づきを得たときにそれを自分宛にメールする習慣があるので、通常のメールも含めて情報が集まるメーラー上でTODOリストも修正できるようにしたほうが、アプリをいくつも立ち上げる必要がないので効率的なのです。

ちなみに自分宛にメールを送るときは、タイトルの頭に【宿題】と記入してどんどん送っていき、それを週末にまとめてTODOリストの本体に合体させます。

もちろん、自分宛にメールを送るだけだと直近のタスクを忘れてしまうので、手帳とプリントアウトしたTODOリストにも手書きで追記しています。

その都度TODOリストを更新してもいいのでしょうが、プリントアウトしたリストだと、その場でメモ書きなども追加していけます。週末の振り返りのときにそれを見返すと、記憶がより鮮明によみがえってきやすいので、あえて1週間単位でプリントアウトしています。

そして週末にTODOリストを更新して翌週のリストができあがったら、【201X年X週目の宿題】とタイトルをつけて自分宛に送りつつ、プリントアウトするのです。

なお、私が普段手帳やTODOリストに書き込むタスクは、必ずしも10分単位とは限りません。

基本的には、10分に分解する前のもう一段粗い状態のアウトプットもそのまま書

>> TODOリストの使い方

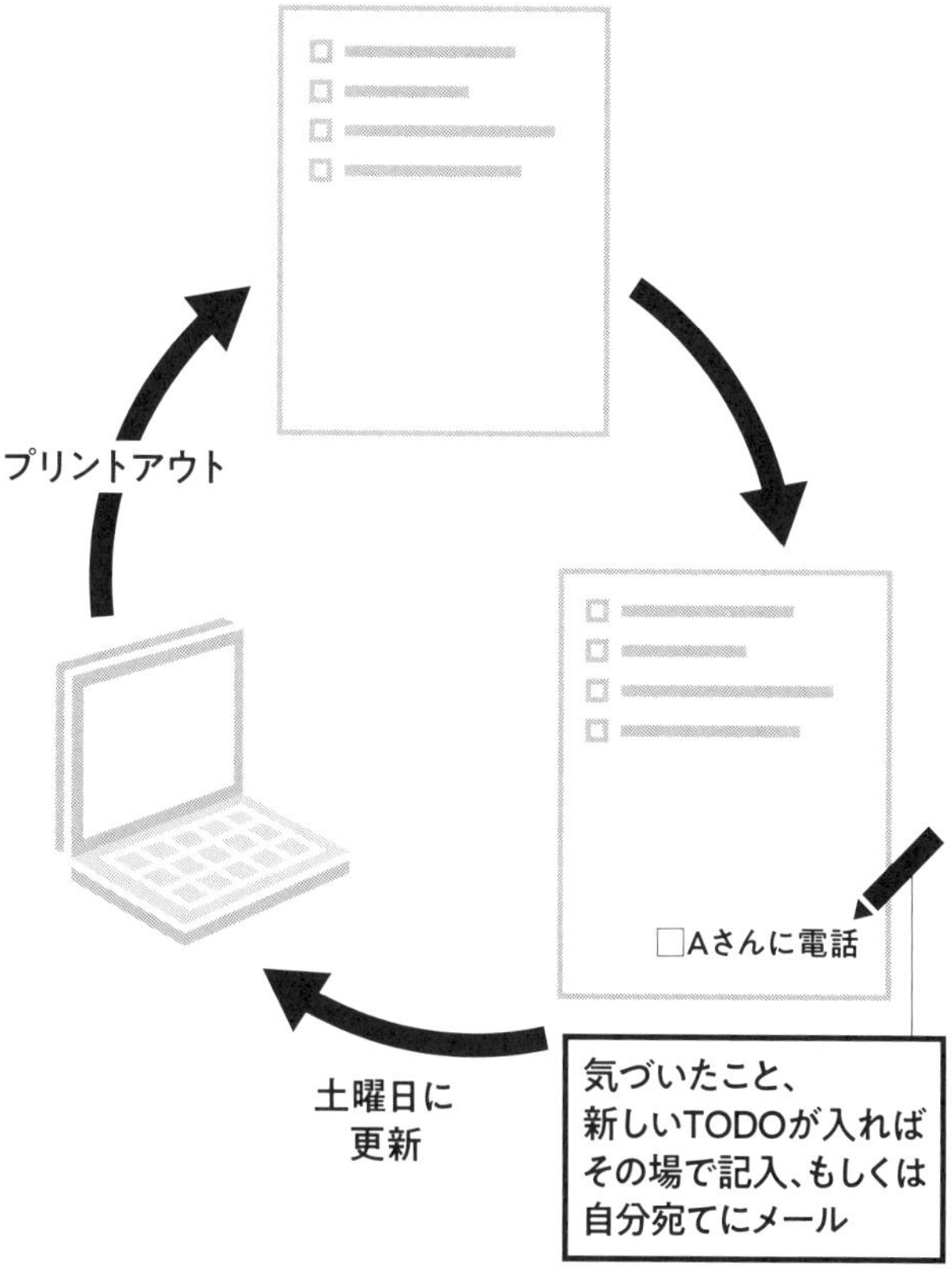

このサイクルで更新していく

くようにしています（「○○さんに連絡」など急に入ってくる単発の仕事は除いて）。

たとえばまったく新しい案件Aが入ってきてその日のうちに社内の誰かに振りたい（手離れしたい）としたら、手帳のタスク欄とTODOリストには「案件A：アサイン」と書き込みます。そして実際に仕事にとりかかるときは、たとえば「Aさんと Bさんへのブリーフィング」で10分、「協力会社のC社に相談」で10分といったように、10分単位で分解して処理します。最終的に案件Aについて自分がボトルネックになっていなければOKです。

でも、これができるのは今までさんざんタスクを10分に分解しながら、いろいろな仕事をこなしてきているからです。リストを見たら必要なタスクがズラズラと思い浮かびますし、それを10分に分解できるからです。

ですから慣れないうちは手帳やTODOリストにタスクを書く時点で分解作業を行なって、10分単位のタスクをリストアップしていくほうがいいかもしれません。

7 TODOリストのカテゴリ分け

TODOリストはまずジョブとタスクで分類し、さらにタスクについてはできるだけ情報を整理するために、いくつかのカテゴリ分けをあらかじめしています。

分類の仕方は業種やその人の抱えている課題などによって変わるはずですが、一応参考までに今の私のTODOリストにあるカテゴリを抜き出しておきます。

・C Channel の経営者・役員としてやるべきこと
・プロジェクト担当者ごとにやるべきこと
・（海外支社のある）国ごとにやるべきこと
・（社外取締役をしている）会社ごとにやるべきこと
・（講演、連載などの）イベントごとにやるべきこと

・会議ごとにやるべきこと
・家族に対してやるべきこと
・その他

ここに記載されるジョブとタスクは、だいたい3か月先くらいまでの期間で自分がやるべきことを漏れなく記載するようにしています（それより長期のことは手帳で中長期目標として書き込んでいます）。

ちなみに10分単位にタスクを分解するのは2週間先くらいまでのもので、このリストには精度の粗いものと細かいものが混在します。

このカテゴリ分けでおすすめなのは、「人単位」（プロジェクト担当者ごとなど）、「会議単位」「会社単位」の3つです。

「会社単位」は、皆さんなら「プロジェクト単位」「得意先単位」としてもいいでしょう。

人ごとにＴＯＤＯを書いておくと、その人に会ったときに「言い忘れ」や「し忘れ」が確実に減ります（とはいえ、私の場合は週末にこのＴＯＤＯリストを更新している時点でＬＩＮＥで要件を伝えてしまうことがほとんどで、その回答を見たらリストから消すという感じです）。

会議ごとのＴＯＤＯというのは少し珍しいかもしれませんが、ここには「次回の会議では○○を絶対に決める」といったことを書いたりしています。たとえば家でお風呂に入っているときに次回の会議のことを考えていて、「そういえばあの件は早めに決めておきたいな」と頭に浮かんだら、忘れないうちにスマホでメーラーを開いて、「【宿題】役員会議アジェンダ」といったタイトルをつけて自分宛にメールを送るようにしています。

プライベートのＴＯＤＯを仕事のＴＯＤＯと並記して書くのも意外に思われるかもしれません。

でも、時間管理の視点からいえば、仕事とプライベートを分ける理由はないはずです。自分が起きている時間を何に使うのかを明記したものがTODOリストです。プライベートを切り離して考えると、どうしても仕事の時間ばかりに意識が向いてしまうので、プライベートの時間を作ろうという意識が薄れてしまいます。自分の時間をどう活用したのかで未来の自分は決まってきます。

ぜひ広い視野で大事な時間を使うようにしてください。

8 スケジューリングのコツ①
予定を埋め、バッファは考えない

スケジューリングのコツについてもいくつか解説しておきましょう。

スケジュールを組むときに少しバッファを設けた形にされる人もいますが、スケジュールにゆとりがあると集中力が欠けやすいので私はむしろできるだけ埋めたほうがいいと思っています。

その上で仕事を早く処理してバッファを作るのです。

取材を受ける時間として1時間確保してあっても30分で終わらせたり、会議の最中に別のタスクをこなしたりと、1個1個の仕事もできるだけ予定より早く終わらせるようにしています。

当然、予定外の仕事自体も早くこなすことが大事で、電話がかかってきたらできるだけ早く具体的な話に入るようにしますし、年末年始の挨拶のような、仕事のアウトプットとはまったく関係のない来訪者に対しては3分ぐらいで帰っていただいたりしています。

感じが悪いと思われる方もいらっしゃるかもしれませんが、そういった小さな時間の積み重ねが大きな差を生むのです。

もちろんイレギュラーな仕事があまりに多いと、予定がオーバーフローします。だからこそ大事なことはムダの見極めです。

たとえば打ち合わせなどの予定がたくさん埋まっていても、自分が本当にその場にいないといけない会議ばかりではありません。もし突発的な仕事が入ってきて時間が足りないと思ったら、予定に入れていた社内会議に出ないで、あとでレポートをもらう形にするといった対処の仕方もできるでしょう。

また、スケジュールを細かく決め打ちしてしまうと管理が煩雑になるので、タスクについてはあまりスケジュールに書き込まずにバッファの時間にやりきる形で一気にまとめてやるといいでしょう。要は「2時20分からこのタスクを10分かけてやります」といった時間管理の仕方をしないということ。10分で終わるタスクをいくつもっておいて、バッファの時間にどんどん処理していく形が、勤務時間中に空白時間を作らないコツです。

つい目の前の仕事に流されがちですが、本来時間を押さえておきたいのはジョブのようにしっかり考える時間です。これはある程度決め打ちしておかないとなにかと遅れが生じやすくなります。

ですからジョブの時間を優先的に押さえていって、残りの時間をタスク処理に当てるという形にするのがいいでしょう。

もしバッファの時間も少ないのであれば、いつも雑談をしてくる同僚と目を合わせないとか、隠れて仕事をするとか、そういうひと手間も大事だと思います。

9

スケジューリングのコツ②

今日の仕事は今日中に

私は、今日すべき仕事を今日中に終わらせるようにかなり意識しています。

一番の理由は自分が組織にとってのボトルネックにならないためです。経営者である私が仕事を先送りしていると、その間、部下の仕事が止まってしまうことになり、その時間がすごくムダなわけです。だからなるべく部下が動き続けられるように、私のところでボールを抱えすぎないようにしています。

これは社長だけにいえることではありません。現場の方も自分がなるべくボトルネックにならないように考えたほうがよいと思います。もしかしたら上司や同僚があなたの仕事が終わるのを待っていて、時間をムダにしているかもしれません。

ただ、これを徹底すると今後は定時に帰れないという話になってきます。そのときは、こぼれた仕事を他の人に振れるようにしておくとか、上司と相談して仕事を捨てるとか、方法はいくつかあるでしょう。

すぐに実践できる方法としては、あまり出来がよくなくても次の人に送ってしまうことです。

すべての仕事でいえることではないですが、そのほうがプロジェクト全体として早く回るケースもよくあります。その辺りは自分に求められるアウトプットや周囲の仕事の仕方、もしくは周囲との関係性次第なので見極めが必要ではありますが、少なくとも私は「自分の中で完璧になるまでボールを渡さない」という発想はありません。未完成のままボールを渡した結果、相手が「じゃあ残りは自分でやろう」と思ってくれるケースもよくあることです。

10

スケジューリングのコツ③

こぼれたら1週間で堰《せ》き止める

先ほど「今日中の仕事は今日中に終わらせる」と書きましたが、それでもいくつかのジョブやタスクが翌日にこぼれることは起きます。でもそうした小さな洪水は1週間単位で堰き止めるようにしています。

大きな仕事を動かすときは、ある程度大きなかたまり（フェーズ）に分解しますが、当社では、その大きなかたまりについては、できるだけ1週間で片づくようなプロセスにしています。

そして、先ほど触れたように週がはじまる時点で「今週はどんなアウトプットを出す」と必ず決めます。

もし週の後半で時間が足りなくなってきたら、自分にとって重要ではない会議に出ないとか、会食を断るなどして、時間のやりくりをします。

本当にやりきらないといけないなら出社すらせず自宅で作業したり、金曜の夜に徹夜をしてなんとか終わらせます。

体力的には辛いですが、そうかといって予定を次週に持ち越してしまうことがクセになってしまうと、組織としてのスピード感は一気に落ちるだろうという危機感があるのです。

また、その週ですべてをやりきるために、私はＴＯＤＯリストにあることはなるべく月曜日にすべて終わらせるくらいの気持ちでやっています。月曜朝は心身ともにリフレッシュした最高のコンディション。そこでどれだけスタートダッシュをかけられるかでその週のアウトプットが決まるといっても過言ではありません。

そのぐらいの気持ちでやらないと、ＴＯＤＯリストの項目を潰していく速度よりも仕事が追加されていく速度が上回ってしまうのです。やはり仕事をすればするほど仕事が減っていかないと、まずいでしょう。「仕事がどんどん山積みになる」という方は、意識してみてください。

仕事は週がはじまる前に振る

思うように仕事が進まない理由としては、他人が思ったように動いてくれない、ということもあるでしょう。それを避けるために、仕事は週がはじまる前に振っておきます。

私の場合、実作業は現場に任せるので、自分がパンクして指示出しが遅れるわけにもいきません。実際に仕事を振る作業は日曜日に自宅で週の計画を立てるときにやってしまいます。月曜はそれぞれの担当者の仕事の抱え具合をあらためて確認したり、業務を進める上での注意点などを一緒に確認しています。

そして日々、担当者の進捗を確認して、課題があったら解決して、なんとか週内に収めるようにしているのです。

当然、世の中の管理職の方たちも部下に仕事を振って進捗を管理するという仕事をされているわけですが、全体のスピード感を上げたいなら「週ごとの目標」を必ず設定して、月曜から金曜までの5日間で自分、そして部下たちが必ずそれをクリアしていくというイメージを持ち、なおかつそれをチームで共有し、仕事を進められるといいと思います。

そういう意識を持てば月曜の朝に出社した時点で切迫感が生まれるので、少なくとも「あぁ、また1週間がはじまったな。さて、何からやろうかな」とのんびり構えることはなくなるはずです。

11 毎日の振り返りで、自分の時間の使い方を見直す

手帳に書いたTODOやスケジュールですが、やはり、思ったように消化できないこともあります。

そこで私は、自分の読み通りに仕事が終わったかどうかを毎晩、チェックしています。

目標からずれたり、会食が長引いたり会議が早く終わったりしたら、修正ペンを使って手帳のスケジュール欄を実際にかかった時間に修正します（なお、それだと計画とのズレがわからないので、同じアポが入力してあるグーグルカレンダーはそのままにしています。これは週末の振り返り時に自分の時間配分を把握するためです。詳細は第5章で解説します）。

つまり、朝に立てた読みが的中して計画通りに仕事が進めば、手帳のデイリーページのタスク欄もスケジュール欄も修正する必要はありません。

そして1日が終わった時に計画通りに進んだか見直して、もしズレがあったら実際にどれくらいの時間がかかったのかを書き込み、なぜこんな状況になったのか振り返るようにしています。

このような細かい時間管理をしだしたのは30代の頃です。当時は計画通りにいかないことが普通でしたし、今でも慣れない仕事をすると仮説精度が低くなるので、計画がズレることがあります。

でも、別に計画がズレたことは別に悪いことではなくて、

「なぜズレたのか？」
「それは自分の能力の問題なのか？」
「外的要因だとしたらたまたまなのか、また起こるのか？」
「どういう対策がとれるか？」

といったように、1個1個を丁寧にみて、PDCAを回していきます。

それが、時間管理のコツなのです。

仕事のオーバーフローをなくすために、「作業時間」を把握しよう

この方法のもう1つのメリットは、仕事時間の目安をつかめることです。

仕事を大量に抱えてオーバーフローする人や、毎回期日を守れない人の多くは、自分が仕事をするときにどれくらい時間がかかるのか把握しきれていません。その状態で精度の高いスケジューリングを行なうのは難しいでしょう。

ですから、まず自分が何にどれぐらい時間をかけているのかを把握することが基礎編。

さらに、仕事のできる人がどのぐらい時間をかけているのかを知り、それと比較し

たときになぜ自分はこんなに時間がかかるのかと分析するのが応用編にあたります。

とにかく大事なのは基礎編の「正しい現状認識」です。

たとえば1万字のレポートを書かないといけないときに、自分が1時間で何文字くらい書けるのかわからないと、その作業のために何時間確保しないといけないかがわかりません。

上司から「どれくらいでできそう?」と言われても、「うーん、1週間くらいですかね」と、曖昧な返答しかできないでしょう。

多くの人は、そこを曖昧にしたまま仕事を受けてしまうので、安易に他の仕事を受けてしまったり、予想外に時間がかかることに気づくのが遅れたりして、最後は徹夜で仕上げるような事態になりがちです。

しかし、10分刻みで考えて、後で見直すことを毎日続けていくうちに、見積もりの精度が高まっていきます。

これがまさに10分間仕事術の利点です。

結局、タスクを10分に分解する時点では、その多くは仮説に過ぎません。それを毎回検証していくことで、自ずと読みの精度が高くなります。

第3章

仕事をためない16のルール

1 完璧な仕事を求めない。人に完璧を求めない

仕事がたまるのは、その人の性格上の問題か、人の問題か、急な案件が考えられます。そのために、スケジュール通りに物事が進まず、仕事がたまっていくのです。この章では、そんな「たまる理由」を解決していきたいと思います。

1つ目は「完璧な仕事」について。

仕事において自分の持ち時間をあっさり使いきってしまう要因としては「完璧主義」があります。

世間では、完璧を求めることは「善」だと思われがちですが、スピーディーに仕事を終わらせるという意味では「悪」に転じやすい気がしています。

結局、「誰にとって完璧なのか」という話だと思うのです。「完璧な仕事」とは相手の期待値に応えることです。

仕事というものはニーズに対して価値を提供するということであって、相手の求めるニーズを１００パーセント満たしたら「完璧」です。

それなのに、自分の思い通りに納得いくまでやりきった成果物を「完璧」な仕事だと信じている人が少なくありません。

多少仕事が遅くなっても、それが相手の思う「完璧」を満たしていれば価値は多少提供できているのでしょうが、仮に相手のニーズに「スピード」というものがあったとしたら、アウトプットが遅い時点で「完璧」ではありません。ましてや自分の思う「完璧」を目指しているだけでは、趣味の領域です。

たとえばクリエイティブな要素など上司は求めていないのに、パワポ資料の写真の配置をミリ単位でこだわるのは完全に自己満足の世界です。「趣味は家でやってよ」と思われて当然です。

日本企業にはこうした自己満足型社員が多いのも事実です。特に上司が非常に細かいタイプだと、それを部下も踏襲するケースがよくあります。すると結果として、そのチームだけで満足するような仕事の仕方をする傾向があり、他の部署からすれば「あの部署を絡めるとまた遅くなるね」と思われていることになかなか気づきません。

「仕事とはアウトプットを出し続けることである」という本質に立ち返ると、**相手の期待値をイメージできていない状態で自分なりのこだわりに時間を割く行為は、やはりリスキーといえます。**

ですから私が会社員時代にいつも考えていたのは、上司が求めるアウトプットの質と量です。

たとえば上司が量を求めていて質を求めていない場合もよくあります。特に新人に降ってくる仕事は、どちらかというと経験を積ませるために量を重視することが多いでしょう。そんなときはしっかりアウトプットの量を出せていれば、仕事が多少粗くてもそこまで怒られることはありません。逆にそこであまりに完璧主義になったり、悩みすぎたりすると「そんな仕事にどれだけ時間をかけているんだ!」と怒られます。

外食にたとえるならフレンチのような高級レストランもあれば、マクドナルドのようなファストフードもあって、顧客は自分のその時のニーズに応じて店を選ぶわけです。

これを仕事に当てはめれば、自分は必死にフレンチを作って上司に喜んでもらおうとしていたのに、実は上司はお腹がペコペコで、1秒でも早くガッツリ食べられる料理を求めていたということ。そんなコミュニケーションミスは頻繁にある話です。

ですから「なんかご飯作って」と言われたときに「どんなものがいいのですか」と確認して定義づけすることを忘れてはいけません。そのひと手間でムダな仕事をするリスクを回避できるのです。

一方で、上司も完璧を求めてはいけません。

たまに、「夢もビジョンもないけど、フォントの大きさだけこだわる」みたいな方がいますが、そういう上司には部下もついていかなくなるでしょう。

2 できない仕事はどんどん断る

私は「できないことを『できない』と言えること」がプロの条件の1つだと思っています。

日本文化の中には、仕事を依頼されたときに、なんとなく断ってはいけないという空気があります。それが上司やクライアントからの依頼であった場合、自分の評価が下がるのではないかと心配される方も多いでしょう。

でも、できないことをイエスと言って仕事が遅れたり、相手の期待値に満たない仕事をしたりするより、できないことはちゃんとノーと言えるほうが相手にとって親切です。そういう判断を冷静に下せる人がプロなのではないかと思います。

もちろん、すべてをノーと言ったら信頼関係が崩壊するのでまずいですし、経験の浅い20代で仕事を選びすぎるのもどうなのかと思いますが、私も部下に仕事を振り分けるときには**「イエスと言ってほしいけど、できないことまでイエスと言ってほしくない」**ということは常に思っています（といっても部下のリアクションを見ていれば、できそうか、できそうにないかは判断がつきますが）。

しょせん、人間には限界があります。

だとしたら重要ではない仕事、もしくはどうしても抱えきれない仕事は捨てて、今抱えている案件の中でも重要な仕事で、きっちりアウトプットを出すことのほうがいいことも多いのです。

なお、いかに相手の心象を悪くせずに断るかというテクニックも大切です。コツは頭ごなしに拒否しないことです。

「やりたいのですが、仮に受けたとしても迷惑がかかるので申し訳ないです」というロジックで、相手のことを考えた上での結論であることをアピールしながらとにかく謝りまくる、というのが私の十八番です。メッセンジャーなら、「ごめんなさい」というスタンプも有効だと思います。

これが欧米だと役割分担が明確なので、まわりくどいことを言わずにスパッと断ることが一般的です。自分の身は自分で守るという発想です。

でもそれを日本社会でやると、ただの「感じの悪い人」だと思われます。したがって、「マインドは合理的に。態度だけは思いやり精神をもって」という組み合わせが最強だと思います。

特にフリーランスのように自分のアウトプットが自分の価値に直結する職種の方は、仕事をいかに断れるかがかなり重要な要素になります。

上司は「間引く」発想を持て

そういう意味では、あなたが上司で、もし自分のチームの仕事のスピードを上げたいなら、部下にバンバン仕事を振るのではなく、**むしろいかに仕事を間引きできるか**という発想を持つことが重要になります。

作物に栄養を行き届かせるための雑草取りや芽摘みの感覚です。

仕事が遅い部下ほど大抵優先順位づけの段階で悩んでいるので、私はできるだけ部下に寄り添って進捗を確認しながら一緒に優先順位を決めてあげて、これは無理だなと思ったら優先度の低いものを捨てることを意識しています。別にその人がやらなくてもいい仕事については私自らがやってしまうこともあります。

「仕事の優先順位を決める作業は本人にやらせたほうがいいのでは」という意見もあるでしょう。

もちろんそれはトレーニングになりますが、仕事がパンク気味の人はたいてい断り下手で、同僚などからも仕事が舞い込んで来ていることも多いと思います。そうなると仕事の重みづけが曖昧になってきます。

そこを交通整理できるのは権限を持った上司なので、あえて介入したほうが結果的にアウトプットは上がることが多いのです。

普段やらないことは基本断る

私は常に、ビジネスの提案などを受けたときになるべく早く結論を出すように心がけています。そのためにも日頃からアンテナを張って、あらかじめいろいろ考えるように努力しています。しかし逆に普段考えていないようなことを相談されたときは、あっさり断ることもあります。

ビジネスには縁の要素があることは認めつつも、やはり普段から準備していないもの、慣れていないものに飛びついても失敗の確率が高いと思うからです。たとえば投資経験がないのに「いい投資対象があるよ」と言われても、なんとなく失敗しそうな雰囲気がするでしょう。そんなものに時間をかけるよりも、自分の得意な分野に時間をかけたほうが、成功する確率は高いと思います。

たとえその投資話が本当で、断ったことでチャンスを潰すことになったとしても、私は全然気にしません。

3

答えの出ないことで悩まない

自分が苦手とする分野の悩みを真正直から解決しようとすると、必然的に時間がかかります。

そういう課題に直面したら、私は基本的に無視するか、人に委ねるようにしています。

特に難しいのが人の問題です。

当社は若い女性社員も多く、感情的な反応を見せる人もたまにいます。そのときに「なぜあの子はあの場で泣いたのだろう?」と考えたところで、40代後半のおじさんである私には、正直、答えが出ません。

だからそういう問題は女性の心がわかる同性の管理職に振るようにして、私自身はなるべく考えないようにしています。

冷酷に思われるかもしれませんが、人間は万能ではないですし、物事には優先順位があります。自分が苦手なものはそれが得意な人とか、それに取り組みたい人にどんどん任せたりアドバイスを求めたりすることが大事です。

自分には答えが出せない、もしくは事態を改善できないものについては「最初からかかわらない」という割り切りもスピードを維持するためには重要だと思います。

感情ベースの議論は無視

会議などでありがちなケースとしては、何か議論をしているときに数字ベースではなく感情ベースで反論してくるような人。

たとえば、私たちは女性向けのデジタルメディアを提供しているわけですが、コンテンツを精査する際に社員から「この子かわいくないです」といった発言が飛び出すことがあります。

その瞬間、どれだけ建設的な議論をしていても場が凍ります。そしてみんな同じことを思うでしょう。

「君にとってのかわいいって何？」と。

定義づけができないということは問題の特定ができていないという意味ですから、なかなか解決手段が見つかりません。

ですので、そうした会議の場では客観的な発言だけに耳を傾けるようにしています。発言が客観的かどうかは言い方でわかります。

たとえば課題提起をする時に「○○に対して何十％の人が不満を抱いています。その理由で最も多いものは△△です」とファクトをベースに語っていたり、解決策を提案するときに「ここを改善するために自分は××すべきだと思います。なぜなら」といったように、ちゃんと根拠を論理立てて話せていれば、聞いている側もわかります。

逆に「もう私、こういうの本当に嫌いなんです。どうにかなりませんかね」とか「私的にはこういうの超ムリなんですよ〜。だからどうなのかな」みたいな話ぶりをされても解決しようがありません。

強いて解決するなら、その人を無視すること。それでも変わらなければプロジェクトから外すしかありません。

人の感覚、人の好き嫌い、人の趣味嗜好ほど課題として取り扱いづらいものはありません。

その人の生き様とか経営哲学といった、なかなか変えづらい領域で衝突が起きることもあります。この領域までくると政治論争や宗教問題と同じで、衝突が丸く納まったという話は聞いたことがありません。どのみち結論としては「いろんな意見がありますよね」としか言えないので、最初からかかわらないようにしています。

繰り返しますが、仕事で成果を出し続けるには、重要でかつ解決しなければならないことに取り組むために時間をとるべきです。解決が難しいなら、長期プランで考えてもよいでしょう。

そのためにも、こうした解決する必要がないものまで解決しようとはしないこと。個人的には、重要ではないけれど緊急な課題なども、なるべく捨てる勇気が大事です。

4 足を引っ張る人たちからどう逃げるか

私が大企業勤めをしていたときによく悩んだのが、足を引っ張ろうとする人たちの存在です。

世の中は当然「できるだけ仕事をしたくない人」がマジョリティです。そういう人からすれば仕事が速い人がそばにいると、自分の仕事の遅さやアウトプットの少なさが目立つので、なるべく遅くやってほしいわけです。

なので昼休みなどに私だけ仕事をしていると、なるべく仕事をしないでくれという態度をされたり、当時まだ労働組合が元気な時代でしたから「森川も組合に入れ」と執拗に誘われたり、露骨に足を引っ張る人たちがいたものです。

最近はそういう露骨な人たちは減ったと思うのですが、動きの遅い組織にいると、どうしてもそういう人種に遭遇します。そんな人たちからどうやって逃げるかということも、自分の仕事の速度を上げるためには重要なことです。

ボトルネック上司は、出世するように仕向ける

特に自分の上司をいかに抵抗勢力にしないかは大事なポイントだと思います。

実際には面倒な上司がいたら本心ではなくてもへりくだって、上司に花を持たせ、できるだけ出世してもらうようにしていました。

外資系だとそういう場合は、上司を飛ばしてもっと権限のある人と直接話をつけるという攻め方もありますが、多くの日本企業のような指揮系統を乱すことを一切認めない組織でそうしたことをすると、上司が激怒して事態がややこしくなり、かえってスピードが遅くなる可能性すらあります。

むしろ上司の上司と仲良くなって上司をほめるとか、上司が仕事をしているように見せるとか（ダメな上司ほど仕事をしたくないので、自分がやってしまったほうがクオリティが高くなります）、そうやって貸しをつくることで自分のやりたいよ

うに仕事が進められます。本当に出世させられれば人事異動でいなくなります。

そう考えると、**意外とダメな上司のほうが楽**かもしれません。できる人ほど、できる部下をつぶそうとする傾向もあるように思います。

理不尽な上司は「わかりましたー」「忘れましたー」でスルー

それでも理不尽な指示が降ってきたりするのですが、私は大半は、やり過ごしていました。「わかりましたー」「忘れましたー」の組み合わせで、ひたすら無視をしてきた感じです。スルー力とでも言いましょうか。

でも同僚などを見ていると、そうした上司に振り回されている人がほとんどで、つくづく真面目さや従順さを美徳とする日本の教育のあり方は問題だなと感じていました。

なお、どうしても今勤めている会社が、自分の成長を阻害する環境だと感じているなら、転職を考えるべきでしょう。今の日本は、スピードが速い組織と遅い組織の差がどんどん広がっていくばかりです。スピードが遅い組織にいると、周りが遅すぎて感覚がおかしくなってくるので、自然と自分もスローダウンしてしまう恐れがあります。

5

仕事の速い人としか仕事をしない

仕事を進める上で部下なりパートナーを選べるときは、仕事が速い人だけと組むことがこれからの時代、絶対に必要になってきます。

大企業勤めをしていたときも、私はなるべく新しいものが好きな人たちのそば（新規事業系の部署）にいるようにしました。新しいものが好きな人はリスクを怖がらないので仕事が速いからです。

当社でも、スピード感をもって仕事を進めることを企業文化の軸に置いているので、プロジェクトリーダーを決めるときも、とにかく仕事が速い人に頼むようにしています。足が速い人にリレーを任せるのとまったく同じ発想です。

そして仕事の遅い人は緊急性の低い補助的な仕事をしてもらうか、クオリティが求められる仕事をアサインします。流れでいえば最下流ですが、スピードが速い人は仕事が粗っぽいこともあるので、そこをブラシュアップする作業には向いているのです。ただし、間違っても仕事の遅い人をハブ的なポジションにつけることはありません。ハブで仕事が滞れば全体が遅くなります。

付き合う企業も、納期や仕様が変動的な案件でも確実に対応してくれる下請企業とか、融資の審査が早い金融機関・投資機関とか、「社に一旦持ち帰ります」と言わない営業担当などを必然的に選んでしまいます。

仕事の遅い会社と手を組んでしまうと、それだけでプロジェクト全体のスピードが遅くなってしまいますし、そもそも仕事の速い企業のほうがこれからの時代は確実に生き残る確率が高いので、長期にわたって関係性を維持できるということもいえるでしょう。

あくまでも一般論ですが、外資系との競争で日々揉まれているような業務は仕事が全体的に速いと感じます。逆に既得権益で守られてきている業界は、意思決定も実行力も少しのんびりしている企業が多いかもしれません。

いかに止まらないか

仕事のスピードというのは単純に速くすることも大事ですが、いかに止まらないかも大事です。そして、パートナー次第で常に走っていられるかどうかが変わってきます。

サッカーでたとえれば、わかりやすいでしょう。

速攻をかけたいときにドリブルをするわけでも気の利いたパスをするわけでもない選手にボールをパスしたら、うまくいくわけがありません。ボールを速く回すために、パスを出したらワンタッチでパスを返してくれる選手を選ぶでしょう。

仕事がチームワークで成り立つ限り、チームメンバーの人選は本当に重要です。

遅い人が混じると、それまで陸を快走できていたのにいきなり水の中を走るように減速するものです。まるでスローモーションの世界です。

そういう足かせとなる人が組織の中に散らばっていて、会議で決められず、決裁が遅く、さらに実行フェーズで足を引っ張る人がいるという負の掛け算になってくると、圧倒的にムダが増え、すべてがそこで止まってしまうのです。

それではグローバルな競争はおろか、市場のニーズに追いつくことすらままならないでしょう。

6 やる気のない人に任せない

仕事柄、大企業の「イノベーション室長」や「新規事業開発部長」といった立派な肩書きの方とお会いすることが多いのですが、たまにその室長や部長クラスの方から真顔で「何やったらいいですかね？」と相談を受けることがあります。

その質問をしている時点で失敗が見えていて、会社の命令で渋々やっていることが明白です。

本来であればそれを四六時中考えるのが仕事で、本当にやる気があるなら「やることが多すぎて困っています」という状況にないとおかしいはずです。

プロジェクトリーダーをアサインするときに一番やってはいけないのは、やる気がない人に任せることです。絶対にスピードが出ませんし、結果もうまくいきません。

この辺りは日本の大企業が早急に改善すべき点で、特に古い体質の組織ほど余剰人員を新規事業にあてる傾向が強いと感じます（本当にイノベイティブな組織はそうとは限りませんが）。

たとえばトップセールスが新規事業部への配属希望を出しているのに、営業のエースが抜けると直近の売上が減ることを恐れて引き止めるようなことが、日本では平気でまかり通っています。

韓国や中国の場合はまったく逆で、社内の選りすぐりのエリート社員を新規事業にあてることが一般的です。むしろ、すでに仕組みができている既存の事業については普通の社員でも回せるという感覚です。

これは何も新規事業のような大きな話に限らず、何かしらのプロジェクトを行なうときは、できるだけ仕事の速い社員に任せるのはもちろん、やる気がある社員にやらせることが鉄則です。

ちなみに当社は会社全体が新規事業部のようなものなので専用の部署があるわけ

ではありませんが、その代わりいいアイデアを着想した社員がいたら基本的にその言い出しっぺをリーダーにして進めるケースが多いです。

やる気に勝るエンジンはありません。

7 人を巻き込むときは設計図を先に描く

協力者の巻き込み方も大事です。

たとえば新規プロジェクトを立ち上げるときに、ほぼ白紙の状態からメンバーを集めるか、ある程度筋書きが見えてから集めるかという問題がありますが、私は後者を選びます。

「計画はどうせ変わる」という話をしたので意外に思われるかもしれませんが、全体の青写真のようなものがまったくない状態でメンバーを集めると、それはそれでムダが多く発生すると思います。皆さんも、上司の思いつきに振り回された経験があるでしょう。まさにそれです。

人を巻き込む以上、スムーズに作業に移れるように環境を整えておくことは、ある意味、ビジネスパーソンとして最低限のマナーです。

ではどれくらい具体的にイメージできていればいいかというと、

・期日が見えている
・必要なフェーズが見えている
・担当者が想定できている
・担当者同士、どうパス回しをすればいいか見えている

という状態まで考えているとベストですし、そこまで考えるのが「計画立案」です。

この時点の計画は粗っぽくても構いません。ある程度筋書きが見えたらすぐに担当者に声をかけるようにします。面倒くさい仕事だと返事がない人もいます。それを見越して多めに声をかけておきます。どのみち計画は修正するので、動き出しは早いほうがいいのです。

たとえば先日、社内でＥＣ事業の会議がありました。
事業全体の会議となると、アジェンダがいろいろ出てくるので意思決定までに時

間がかかります。

でも、そもそもEC事業における重要課題は一般的には決まっていることなので、わざわざ議論させる必要もないでしょう。そこで課題は会議の前に私なりに事前にリストアップしておきました。たとえば、ランディングページにどうやって人を集めるとか、どうやったら購入してくれるかとか、いくらなら買ってくれるとか、どんな商品が売れ筋なのかなど、主要な議題を決め打ちするのです。

次にそれぞれの項目を深掘りするために必要になりそうなレファレンス（専門家や本、過去のデータなど）を、私なりに調べてリストにしました。もし自分ではわからないなら、ツイッターでつぶやいて教えてもらうようなこともよくします。

そうやって項目分けとそれぞれのレファレンスがリスト化できた時点で、ようやく担当者に振り分けます。

担当者には事前に情報を調べて解決策を準備してもらい、それを各自が持ち寄ってはじめて本格的な会議を行ない、その場で議論して解決するといった流れをとります。

これが私がいつも行なっているプロジェクトの動かし方で、チームで旅に出る前に旅のしおりを作ってしまう作戦です。

こうした青写真を描く作業も慣れないうちは時間がかかるでしょうが、経験を積んで引き出しが増えれば、型をいくつもストックできるようになり、スピードも上がります。

8

リマインドの鬼になる

部下に対するリマインドもかなり意識しています。

プロジェクトリーダーの役割は「計画立案」「アサイン」「リマインド」の3つです。「リマインド」が入るのは、仕事を振ったら終わりではなくて、部下のクセを見抜いて、仕事が遅れる要因を先回りして排除していくことが大事だと思うからです。

リマインドは母親が子どもを毎朝起こすようなもので声をかけなくても起きられる子どももいれば、1回声をかけて起きる子どももいれば、3～4回声をかけても起きない子どももいます。

とにかく進行が遅れることを未然に防ぎたいので、担当者の性格や仕事の内容に合わせて、少し多過ぎるくらいにリマインドすることを心がけています。

部下からすれば私から頻繁にＬＩＮＥなどで「問題ない？」「進み具合どう？」と聞かれるので、もしかしたら面倒な上司だと思われているかもしれません。でも、それが管理者の仕事だと割り切っています。

それに普段は仕事が速いのに、何らかの事情で仕事が遅くなるケースもよくあります。そういうことは密にコミュニケーションがとれていないと気づかなかったりするので、とにかく確認し続けることが大事だと思っています。

9 集中できる環境は、何より死守。なんなら帰ってもいい

人によって集中力できる時間や場所は違います。

私の場合、日中はどうしても時間が細切れになってしまうので、集中できる時間は朝と、次いで夜です。場所としては自宅の書斎が一番集中して仕事をこなせます。

ビジネスパーソンにとって、集中できる環境はゲームのボーナスステージのようなもの。その時間をどこまで有効に活用できるかで仕事のアウトプットがまったく変わってくるといっても過言ではありません。

集中できるときに1番大事なこと（ジョブ）をやるという、当たり前のことを当たり前のようにやれるようになると、アウトプットはみるみる上がるはずです。

逆に集中できる時間に避けたいことといえば次のようなものがあるでしょう。

・打ち合わせや来客対応（役員会議など重要な会議は除く）
・メールチェックと返信（大事なメールは除く）
・タイムラインのチェック（朝一のニュースチェックは除く）
・コーヒーブレイク
・その他、タスク全般

こうした見極めを瞬時にしていくためには、やはり自分がやるべきジョブやタスクを把握できていることが必須です。だからこそ私は手帳とプリントアウトしたTODOリストという2つのツールを使って、常に意識づけをしているのです。

自宅のほうが集中できれば、帰ってもいいと思う

ちなみに私は外出中の空き時間に集中して仕事をしたいと思ったら、トイレの個室にこもって仕事をすることもあります。

昔はそこまでしなくてもよかったのですが、ビルのロビーや喫茶店だと声をかけられることがあるので、絶対に追いかけられない場所を探した結果、トイレに行きつきました。

また、家で仕事をしたほうが集中力が高まるため、日中に少しまとまった空き時間がとれるときは一旦タクシーで家に帰ることもあります。基本的に社員とはチャットでやりとりすることが多いので業務上の支障はありません。

なお、今仕事のスピードが遅い人がこの10分間メソッドを実践すると、集中力が上がる分、夕方以降や週の中盤以降、疲れてしょうがないという人も出てくるでしょう。スピード感を維持して働き続けるのはマラソンと同じように思考の持久力というか慣れの世界なので、疲れてしまうのは仕方のないことです。

本当に疲れてしまったら集中力は上がらないので、そこは割り切って休息をとることが大事です。無理をして仕事をしようとしてもムダに時間がかかるだけです。

特に困るのはやる気が起きない上に夜も眠れないようなときです。そんなときは、集中力とモチベーションのコンディションがどんどん悪化していく負のスパイラルに入りがちです。

こうなるとまったく生産性が上がらないので、とにかくそこを抜け出すことを優先して、忙しくてもあえてジムに行ったり、お酒を飲んだり、趣味の時間を確保したりして、気分転換をしましょう。

第3章

10 時間泥棒を確定する

「時間を徹底的に管理しているとストレスがたまりそうですが、たまに思いっきり遊んで発散されたりしているのですか？」と聞かれることがあります。

普通ならここで「はい！　ストレス発散も重要です！」と返答したほうが質問された方の期待に添えるのでしょうが、今の私はよくも悪くもストレスの発散すらできないくらい、時間にシビアになっています。

でも、だからこそ「いかにストレスを溜め込まないようにするか」はいつも考えていて、そのコツとしては定番ではありますが「フォーマット化」が最強だと思います。

たとえばかつての私はラーメンがすごく好きで、飲みにいって酔うと必ずラーメンを食べてしまう生活を送っていました。

でもそれだと体によくありませんし、睡眠時間も削ることになりますし、お金も馬鹿になりません。そこで誘惑に打ち勝とうと決めたのですが、単なる「我慢」だとストレスがたまります。

そこで私が考えた作戦（フォーマット）は、できるだけラーメン店がある道を避けることでした。視界に入るから誘惑にかられるのであって、だったら最初から視界に入れないようにしたのです。

そうやって「この世の中にはラーメンという食べ物は存在しないんだ」と言い聞かせているうちに私のラーメン熱は冷め、その習慣を断ち切ることができました。

これは時間管理にもそのまま応用できます。

①スピード感を阻害するような要因、いわゆる「時間泥棒」をリストアップしてみる
②時間泥棒に邪魔されないようにするための自分なりのルールを考える
③そのルールが当たり前の感覚になる（＝習慣化する）まで継続する

という順番で防御策を実行できれば、ストレスは軽減できますし、集中力がなくても仕事が進められるようになるはずです。

振り返りで「時間泥棒」を見つける

誘惑を遮断するためにはそもそも「自分にとっての時間泥棒は何か？」と自問を続けることが大事で、現状を正しく認識できないと課題意識が持てません。

私が日頃から自分の時間の使い方に関してあらかじめ計画を立て、実際に要した時間と比較したりしているのも、課題を課題として認識させるためです。

それを続けながら

- どんなときに計画がズレやすいのか
- どんなときに時間がとられやすいのか
- どんなときにストレスがたまりやすいのか
- どんなときに予期せぬことが起きやすいのか

といったことをなるべく抽出して改善策を考えるようにしています。

たとえば「このクライアントの仕事はいつも時間通りにいかないな」とか、「この同僚と一緒に作業をすると普段より作業効率が悪くなるな」とか、「この上司と飲みにいくとだいたい深夜まで付き合わされるな」とか、自分にとっての足枷のような小さな課題はいろいろあるでしょう。

それを「なんとなく」という感覚値で把握しているだけだと、情が入ってきて「この同僚は仕事が遅いけど、めちゃくちゃいいやつだからしょうがないか」といった非合理な結論に至ることがあります。

そうならないためにも**定期的に振り返りを行ない、できるだけ同じ失敗を繰り返さないようにすることが大事**です。

知り合いにお酒に誘われて、三次会まで付き合い、翌日、体調を崩したのであれば、次にその知り合いからお酒に誘われたときはあらかじめ一次会で帰る旨を伝えておくなど、それもフォーマット化です。

それこそLINEで短文をポンと送るだけの行為ですが、それが同じ失敗を繰り返さないために重要なことなのです。

11 「パソコンありき」の発想を捨てる

現代のビジネスパーソンにとってパソコンは不可欠なツールではありますが、私はむしろパソコンがあることで仕事が遅くなっている人も多いのではと思っています。

普通のホワイトカラーの人が1日の間に何に時間を使ったかを厳密に計測したら、メールをチェックしている時間や目的意識もなくインターネットをブラウズしている時間、もしくはチャットアプリのやりとりだけで数時間費やしている人がザラにいる気がします。

でもおそらく本人にサボっている感覚はないでしょう。なぜならパソコンの前に座っていると仕事をしているような気分になりやすいからです。

何度も言いますが、仕事はアウトプットが出てはじめて仕事です。パソコンの前に定時まで座っているのは仕事ではありません。

私の場合、**パソコンを使う必要がない場面ではできるだけパソコンの前に座らないか、電源を入れません。**

メールの返信はたいてい歩きながら行ないますし、夜のオフィスで1人考えごと（ジョブ）をするときも基本的に紙ベースです。思いついたキーワードやマトリクス図などを手帳にいろいろと書き込みながら思考を整理していき、ちょっと調べものがしたくなったらスマホでパパッと調べます。

「新規事業について考えよう。とりあえずワードを立ち上げて……」という発想にはなりません。

小説を書くときに白紙の原稿用紙を目の前にしたほうがいい人もいれば、町を歩きながら物語を練る人もいるように、人によってやり方は異なるでしょう。でも、もし何も考えずにパソコンを開き、気がついたら中途半端な時間を過ごしている人がいたら、あえてパソコンから離れてみるといいと思います。それだけで数々の誘惑を遮断できます。

それに考えごとをするときは歩きながらのほうがよいこともあります。メモ代わりのスマホだけを持って会社のまわりをぐるぐる歩くほうが、早く仕事が終わるかもしれません。

12 机の上は、整理整頓。ゴミ箱も近くに置く

机の上やデスクトップの画面がごちゃごちゃしている人は、仕事をスピードアップできる余地がまだまだある人だと個人的には思っています。

物が捨てられない人、不要なものに囲まれている人、もしくは雑然と並んでいる状態をよしとしてしまう人は、頭の中でも情報の整理が苦手です。

そして情報が整理できないということはおそらく計画を立てることが苦手で、成り行きで仕事をする人が多いのではないかと思います。

机が汚い人は会議は仕切れないし、人を管理することにも向いていない、というのが私の持論です。

机の上は、それこそ秒単位の効率を考えてレイアウトされているマクドナルドの厨房のような状態が理想です。ファイルや名刺、メモ、スマホなど、必要なときに

すぐに見つからないと、時間もムダですし集中力も切れやすいと思います。

ちなみに私は瞬間的に優先度をつける癖があるからか、不要なものが出たらその場で捨てる癖があるので、自分のデスク周りには最小限のものしかない状態にしています。

むしろ、すぐに捨てたくなるのでゴミ箱がないところにいるとソワソワしてしまうくらいです（カバンにすら入れたくありません）。

もらった資料などで「いつか使えそうだな」という中途半端な資料や、緊急ではないもののやりかけの仕事のフォルダなどが机の隅にずっとおいてあるという人もいます。

そういった宙ぶらりんのものは毎月チェックして潔く捨てるか、とっておく場合も年末にもう1回チェックしてごっそり捨てるようにしています（もちろん、電子化されたデータならクラウドで永久保存しておけばいいだけですが）。

13 自分から電話をしない

チャットという便利なコミュニケーション手段が出てきたことで、ここ数年で急激にビジネスパーソンにとっての敵となった電話。相手の置かれている状況を無視して割り込みをかけるという行為を迷惑な行為だと考えて、電話をかける前にチャットで「今日、電話してもいい時間はありますか？」と確認する人が増えてきました。

電話がコミュニケーションの手段として主流だったのは遠隔にいる人とリアルタイムにやりとりできる選択肢が単純になかったからで、別に効率がいいから選ばれていたわけではありません。

緊急ではない要件で相手と話す時間。

電話を取り次ぐ時間。

伝言を残す時間。

担当者の帰社時間を聞かれ確認する時間。

コールバックする時間。

いずれも代替手段がある現在においては完全にムダです。


私はよほどのときしか電話は使いません。急ぎで確認したいときでも30分や1時間ぐらいの余裕があるならLINEかフェイスブックメッセンジャーで質問を投げます。

ただ、世の中にはまだ電話好きの時間泥棒もたくさんいるので「いかに電話をしてもらわないようにできるか」ということも自衛策としては重要でしょう。その基本は「自分から電話をしないこと」です。

1回でも電話をしてしまった結果、「あ、この人、電話をしてもいい人なんだ」と、同士だと勘違いされて、チャットで済むようなことでも電話をされるようになり困惑している人はたくさんいるでしょう。

急ぎの要件でもチャットを使うのはそのためです。

14

会議は「ながら仕事」のチャンス

あらゆるムダを省き、残った仕事をできるだけ効率化していっても、業務量が多い人はどうしても時間が足りません。そうなると最後の手段は複数の仕事を同時にやる「ながら作業」に頼らざるを得ないでしょう。

たとえば電話で30分とられるときに電話しかしないのはかなり贅沢な時間の使い方です。本当に仕事が速い人なら電話をヘッドセット式にして誰かと話しながらあまり頭を使わないパソコン作業をするのが普通の光景になってきています。

よくある「ながら作業」は、ムダな会議のときにメモをとっているふりをして別の仕事をすることでしょう。

私もどうしても同席しないといけない社内の会議では、片方の耳で話の流れを聞きつつ、タスクを2~3個潰す、ということを日常的に行なっています。周囲に隠しもしません。会議中は来客などの邪魔が入りづらいので、実はタスクをこなす時間に適しているのではないかとすら思っています。

ムダな会議かどうかは事前に多分わかると思うので、**1日の予定を立てるときから「この会議の間に見積りを作ってしまおう」などという大胆さも、必要でしょう。**

以前、韓国でパネルディスカッションに呼ばれたことがありました。韓国人と中国人と私の3人でディスカッションをしていたら中国人の方に電話がかかってきたのですが、驚いたことに彼は壇上で電話に出てしまいました。しかも、通話が終わってさあ仕切り直しだと思ったらまたすぐにかかってきて、今度は電話をしたままステージを降りて会場を出ていってしまったのです。

「これなら、経済成長するよな」と変に感心してしまいました。

世の中の雰囲気自体が、どんどん並行処理を奨励するような傾向にあると思っています。

数年前だと打ち合わせ中にスマホでＬＩＮＥの返信をしているとマナー違反だと言われてきましたが、最近では普通になっていますし、昼ごはんを食べながら打ち合わせをすることも外資系の影響から徐々に増えています。副業や兼業という概念も、まさに仕事の並行処理そのものです。

「心体まる時間がない」といえば確かにそうですが、技術的な進化によって昔は時間をかけてやっていた作業がどんどん効率化されるようになっています。この本で紹介している仕事の回し方はマルチタスクの時代に合っているのです。

15 イヤなものから着手する

少し地味な話になりますが、仕事をたくさん抱えていると、どうしてもイヤなものとか苦手意識のあるものを後回しにすることが増えると思います。

でも私はあえて乗り気になれない仕事を早めに片づけるようにしています。

たとえば誰かに謝罪しないといけないときは、忙しくてもその日のうちにやってしまいます。

そもそも早めに謝ったほうがいいということもありますが、それよりも「謝らなきゃ」という憂鬱な気持ちを抱えながら仕事をしていると、すべての仕事のアウトプットに悪影響が出ると思っているからです。

しかも、**実際にやってみると「思っていたほどではなかったな。心配して損し**

た」と思うことが経験上多いので、なおさらさっさと片づけるようにしています。

そういう意味ではタスクを小さなチャンク（かたまり）にしてしまう10分間仕事術は乗り気になれない仕事を片づけるのには最適です。「謝罪をする」とか「(英語が苦手な人が）海外に電話する」とか「苦手な同僚にブリーフィングする」といったタスクであっても、「10分だったらいいか。どうせいつかやらないといけないし」という気分になれます。

16 「バタバタ案件」は対応をマニュアル化する

「取引先がミスをした」
「海外支社でトラブルが起きた」
「クライアントからクレームが入った」

いくらきっちり予定を立てて効率よくこなそうとしても、部署によっては緊急を要する事態が頻出して、時間がとられるケースもあります。いわゆる「バタバタ案件に振り回される状態」です。

そのときに自分の時間を節約するコツとしては、できるだけ対応の手順をマニュアル化しておくことだと思います。

いろいろな種類のトラブルが起きるという方でも、その内容を整理してみると実はその9割くらいは5〜6パターンくらいの中に収まるものです。

ですから1度トラブルが起きてその対応に時間がとられたのであれば、そのとき、どういう手順を踏んで原状復帰できたのかを文章として残しておくのです。「もっといい対処の仕方がなかったか」と考えるきっかけになりますし、次回はマニュアルに沿ってやればいいので少しは冷静かつ迅速に対処できるはずです。

それにマニュアル化してしまえば、そのトラブルシューティングを部下や同僚に振ることもできます。

大事な打ち合わせに出ようと思ったときに、もしくは幼稚園のお迎えのために退社準備をしていたときにトラブル発生の連絡が入る。

そんなときにマニュアルなり、前回自分が行なった対処手順のメモがあれば、それを上司に見せて「どうしても外せない用事があるので、他の課員にお願いできないでしょうか。手順はここに書いてあります」と言えるでしょう。

自分にしかできない仕事や自分にしか出せない価値を持つことは素晴らしいですが、抱える仕事がそうした仕事ばかりになってしまうと時間の柔軟性が生まれません。トラブル対応のテクニックくらいならチームでシェアしておいたほうが、チーム全体のスピードも上がります。

もちろん、予期せぬトラブルがどうしても多発するなら、その発生源である担当者なり協力会社を変えることも検討したほうがいいでしょう。

仮にマニュアルを作らないとしても、何か新しい仕事のスケジュールを組むときは過去に起きた突発的なトラブルを思い出すとよいでしょう。

たとえば過去に誰かのところで仕事が止まっていることに気づくのが遅れ、プロジェクト全体が遅れてしまった経験があるなら、今回のプロジェクトの人選を見渡して「○○さんリマインダー多めに」など、メモ帳に書き込んでおきます。トラブル対応が起きることを見越してスケジュールに余裕を持たせておきましょう。

それが些末なトラブル対応だったにせよ、せっかく時間をかけたのであれば、そこからちゃんと学びを得て、何かしらの行動として次回につなげることが大事です。

17 部下からの相談はメッセンジャーで受ける

管理職の方から見て時間が読みづらい仕事といえば、部下からの相談でしょう。仕事の進め方の悩み、個人的に抱えている問題、会社への不満など、その相談内容はさまざまです。部下の課題を解決して気持ちよく仕事をさせてあげるのが上司の仕事なので拒むわけにもいきません。とはいえ、平気で30分や1時間くらい時間がとられることもあります。

こういうときに私が多用しているのがＬＩＮＥやフェイスブックメッセンジャーなどのチャットです。

直接相談にこられると、さすがに他の仕事をしながら悩みを聞けないので時間が拘束されてしまいますが、チャットなら空き時間に少しずつ返信できるので時間効率がまったく違ってきます。

第3章

もちろん、その相談ごとが「家の事情で仕事を辞めないといけない」などといった、深刻な内容の場合は直接話をすべきですが、経験上、部下からの相談ごとの8割くらいはチャットのやりとりで済むものです。

第4章

正しく悩む「最短思考術」

1 答えを見つけるのが仕事

先ほどから「ジョブ」のために時間をとれと書いていますが、悩み方にも効率というものがあると思っています。正しい悩み方ができると「ジョブ」の時間も圧縮できます。

この章では、主に思考の話をしてみたいと思います。

まず、前提の話からいえば、自分の中で答えが出ないと他の人に答えを委ねるシーンが増えると思うのですが、個人的には**どれだけ時間がかかろうとも自分なりの答えを見つける作業こそが仕事（プロフェッション）**であり、その人の存在価値だと思っています。

安易な気持ちで助言を求めて自分のジョブを放棄すると、中長期的に見ると自分の成長チャンスを逃していると思います。

特に一番まずいのは問題ばかり指摘するわりに自分なりの答えを持っていない人です。

問題を見つけた「目」は多少評価に値しますが、指摘する以上なんらかの解決策を持っていないと社会人としてはかなり未熟です。火災報知器がスマートスピーカーとつながって「火事です。消火してください」と他人事のように連呼するようなもので、せめて警備会社に連絡してくれるとか、消火器の場所を教えてくれるくらいの関与がほしいと思ってしまいます。

なかには定時で帰るために、仕事で迷ったらすぐにその道の専門家なり社内の担当者に助言を仰ぐタイプの人もいるでしょう。それは悪いことだとは言いませんし、何でもかんでも自分で悩む必要はありません。

ただし、最終的な結論を自分で下すことを放棄して「○○さんがこう言っていたから」と単純に右から左に投げてしまっているのなら、それは仕事をしているとはいえません。

理想としては自分なりの答えが導き出せるようになったほうがいいと思います。最初にお伝えしましたが、仕事とは「答えを出す」ことでもあるからです。

ただし、答え（解決策）を考えるだけで終わるのではなく、それを実行してはじめて価値があります。そのときに、答えを正しいと思っていなければおそらく実行力がなくなってしまうと思うのです。

たいていの仕事はチームを巻き込んで進めていくわけですから、周りの人を説得する必要があります。そのとき信念のようなものがないとやはりみんなついてきません。ですから人に助言を求めるにしても、**自分なりに何か確信を持てるような答えを出さないといけない**のです。

そして繰り返しますが、それは100％の確信である必要はなく、60％でいいのです。100％のものなど最初からありません。

逆にいえば、散々悩んだ結果、どうしても自信が持てないなら「やらない」というのも立派な決断です。間違っていることを一生懸命やることほどムダなことはありません（ただし、問題ばかり指摘して「答えはありません」というスタンスはダメですが）。

ただ、やるかやらないかの答えを早急に導き出すためのピース集めは、できるだけ早くします。

たとえば新たなサービスを思いついたときに、技術的な話については私よりはるかに優秀な専門家がたくさんいるので、だいたいの工数とかコストとか技術的な課題について私が必死に悩んでもあまり効率的ではありません。社内に専門家がいればすぐにＬＩＮＥで聞きますし、特定の業者の見積りが必要で私にそのツテがなかったら、「こんな業者さん知りませんか」とツイッターで投げたりします。

つまり、ジョブをこなすためのタスクはできるだけ早く終らせるということです。

悩みごとの本質は何かという話で、「コストはどのくらいかかるのか」ということは情報としては必要ですが、時間をかけて悩むべきはそこではないのです。

私の仕事はあくまでもそういう情報を集めて、並べて、結論を出すことです。

2 開き直りも大事

いつも悩んで行動が起こせない人は、おそらく思考の悪いクセがついている状態にいます。だからこそ、いつまでも悩むのです。

レストランに入ってメニューを決められない人がよくいますが、そういう人はたいてい仕事も遅いと感じます。

メニュー選びで延々と悩むのは、全部食べたいと思っているか、何が食べたいかわからないかのどちらかです。二択くらいまで絞り込めていたらそこまで迷いません。

スピーディーな決断のために重要な要素は、開き直りです。

要は、迷う人はイエスかノーかで天秤にかけたときに9対1の状態にならないと結論を出せない人だと思うのです。しかし、仕事で下さないといけない判断で、9

対1のようなわかりやすいものは滅多にありません。

だとしたら**とりあえず6を採用して、試しにやってみる**ほうが、はるかに仕事のアウトプットが出ます。

もしくは、選択肢がいくつかあって、どれも同じくらいよさそうだったら全部やってみるというのも1つの手です。それだと手間やコストがかかるのであれば、反応を見ながら少しだけやってみて、そこから1つに絞るというアプローチが現実的でしょう。

「悩んでいるヒマがあったらやってしまったほうが早いのに」ということは他の企業などを見ていてよく感じることです。

たとえば私たちのようなベンチャー企業が大企業に提案にいくと「それがうまくいく理由を説明してくれ」とよく言われます。その企業にとって提案内容が目新しいものばかりなのでその反応は仕方ないとしても、私たちが「過去にこういうことをやって、こういう数字でした」と説明しても、今度は「でもそれはその場合だけで、今回に適用できるかどうかはわからないですよね」と、リスクを完全に潰す前提で話をされることがあります。

話がこのような展開になったら最後は決まって「じゃあ、もうちょっと確実性が高まったらまた声をかけてください」と言われるのがオチです。それ以上の時間をかけるのはムダだと判断してすぐに引くようにしています。

これはまさに「9対1」の答えが出るまで決断ができないケースそのものです。担当者として、もしくは組織として、リスクテイクができないのです。

こういう会社が新規事業に取り組もうとしてもだいたい失敗しますし、パートナーとして仕事を一緒にしたいとは思いません。

とりあえず足を前に踏み出せば、物事は前に進みます。

たとえば結婚相手を見つけたいと思っているなら、とりあえず婚活パーティに参加申し込みをしてみる。

「効果があるのかな?」「誰も興味を持ってくれなかったどうしよう?」「変な人がいたら嫌だな」など、やってみないとわからないことで悩んでいる時間ほどムダなものはありません。そして実際に参加してみて、自分に合っていないと思えばなぜ自分に合わなかったのかを考えて、次の案（結婚相談所など）をすぐに試せばよいのです。

別に直感を信じて流されろという話ではなく、とにかく動きながら考えることが大切です。

行動力のない人ほど立ち止まるとなぜか後ろに引き戻される傾向があるので、なおさら思考面でも行動面でも前進を続けるという意識が重要です。

3 選択肢をすべて出して マッピングして潰す

新しいデジタルメディアを作っていくことが使命である当社のように、まったく新しい市場を切り開いていくときには、進むべき方向性の仮説がいくらでも立てられます。

人によっては選択肢が無数にあるとノイローゼになりそうなくらい悩んでしまうこともあるでしょうし、気になったことすべてについて、部下に調査を依頼していたら仕事が止まってしまいます。

私もたまに若い起業家から「どうやって仮説を絞り込んでいくのか?」と聞かれることがあります。

これはあくまでも私なりのやり方ですが、私は優先順位の高いものから高速で試していく感覚です。選択肢が無数にあるといってもせめて優先順位くらいはある程度見えてくると思うのです。

もう少し詳しく説明しましょう。手順としては3つに分解できます。

手順① 選択肢を出す

とにかく全部の選択肢をまず出します。ここでは数が大事です。

ときには、社員全員のアンテナを使いますし、私もどんどんその道の専門家に会いにいってヒントをもらうようにしています。

もしここで選択肢にモレがあると、経営者としては一番悲しくて悔しい「あ、その手があったか！　やられた！」という事態に陥りかねません。

こうして選択肢を出していくうちに、だんだんと軸も見えてきます。ここが一番難しいところではあるのですが、選択肢をたくさん出すことで、その精度は上がると思います。

手順②　選択肢をマッピングする

手順①で見つけた2軸でポジショニングマップを作ります。そこに先ほど挙げた選択肢をマッピングしていきます。

すると、全体像を見渡すことができます。

仮に砂漠で道に迷ったとき、皆さんならどうされるでしょうか？

ここであてもなく彷徨《さまよ》うことは、死に直結する典型的なパターンです。

重要なのは東西と南北の2軸でマッピングして、その中で最も確率の高そうな方向に絞ってみることでしょう。たとえば「B2Cで、なおかつインフラ系に絞ってみようかな」といったように。そのため、縦軸と横軸に何をとるかが非常に重要です。

手順③　可能性の高そうなものから潰していく

こうしてマッピングしたものを、私はよく45度くらいに絞ってしまいます。そこを可能性の高そうなものからどんどん試していくのです。

するとジグザグではありますが、なんとなく答えに近づいていきます。

釣り好きの知り合いに聞いた話ですが、ルアー釣りの世界ではランガン（Run &

›› 仮説の絞り方

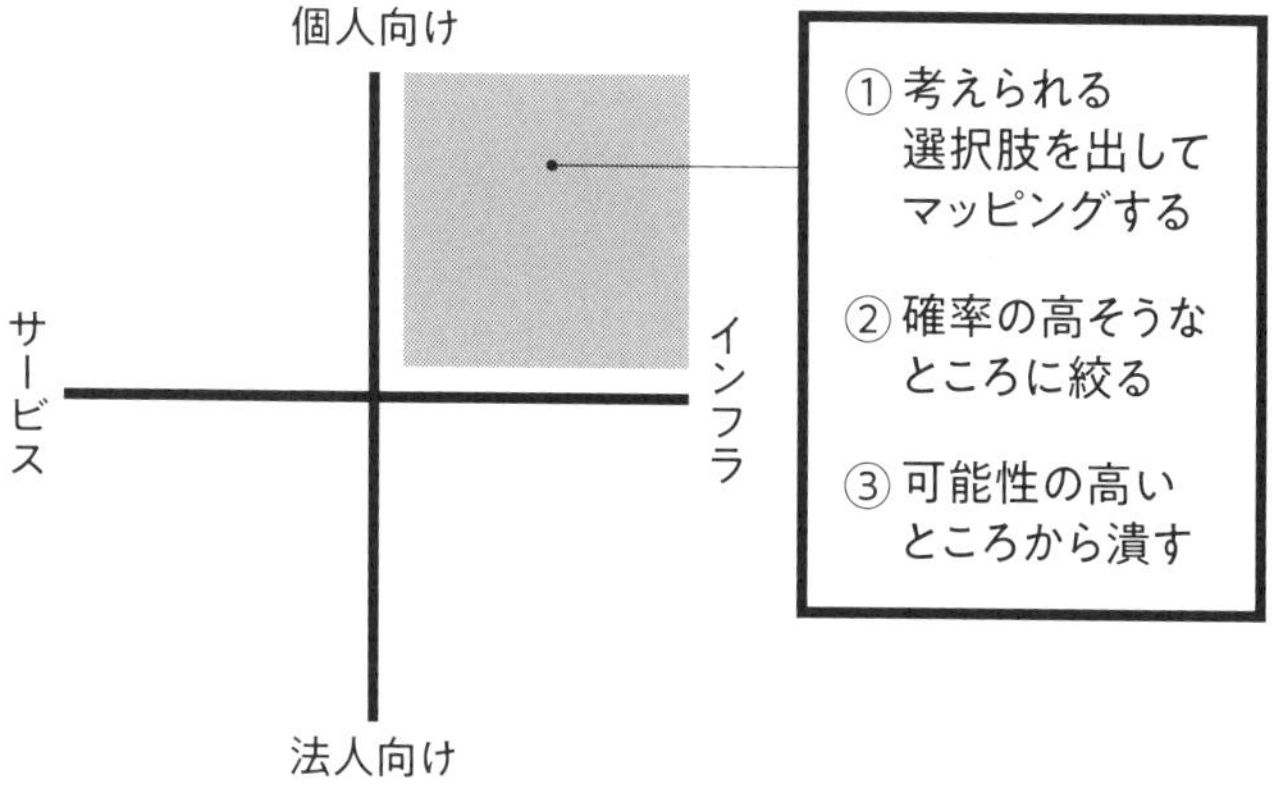
個人向け
サービス
インフラ
法人向け
① 考えられる選択肢を出してマッピングする
② 確率の高そうなところに絞る
③ 可能性の高いところから潰す

(Gun)という言葉があるそうです。足を使って魚がいる可能性が高そうな場所にどんどん(ルアーを)撃つと。

たとえば橋桁に魚が身を潜めていると思ったら、まず橋桁付近に水面直下を泳ぐルアーを通してみて、反応がなければルアーを変えて中層、最後は底付近を探ってみる。それでも反応がなければすぐに移動して、流れが変化しているところや地形変化のある場所をどんどん足を使って攻めていくそうです。

まさに仮説と検証を高速に繰り返す攻め方で、可能性の高いところから消去法で潰していく戦略です。魚がよく釣れる場所で粘って魚が回遊してくるのを待つパターンもあるそうですが、ランガンを好む釣り人はやはり安定して魚を釣るそうです。

マッピングして、選択肢を出し切り、順番に試す。

新規事業を立ち上げるときも、新しい仕組みを導入するときも、こういうやり方をしていけば経験上だいたい成功します。

と、簡単に書きましたが、実際に難しいのはマッピングをするときの縦軸と横軸に何を置くかです。仮説精度をあげようと思って2軸ではなく3軸（3次元）にしてしまうと情報の整理がしづらくなる上に、最初の絞り込みで間違うリスクも増えるので、このあたりのマッピング作業についてはチームの知見を寄せ集めるなり、熟慮を重ねるなりして慎重に行なう必要があるでしょう。

また、選択肢を潰していく順番で迷うケースもあるかと思います。

私が不慣れなジョブにはなるべく手を出さないのもそのためです。知見がないと選択肢を出し切ることも難しいですし、どれが可能性が高いのか判断がつきづらいものです。

たとえば私が今から医薬品業界で事業をはじめようとしても、知識も経験も人脈もないのでかなりリスキーです。でもメディアやエンターテイメント領域であれば知識も経験も人脈もあるので、そこですべての選択肢を出し切って詳しい人の助言を仰ぎながら自分なりに判断していけば、成功確率は高まると思います。

4 遠くの山にフォーカスしすぎない

「何か新しいビジネスをはじめるとき、どこまで大きな絵を事前に描くのか？」

このような趣旨の質問をされる機会も度々あります。

これはケースバイケースになりますが、遠くにある山が見える場合もあれば、最初の一歩だけは見えても先はぼんやりとしていることもあります。

最初の一歩も見えず、遠くの山も見えない状態ではさすがに私もアクションを起こしませんが、意外と多くの人は、最初の一歩だけは見えていても、その先が見えないから躊躇することが多いと感じています。

個人的には、山が見えなかったとしても、最初の一歩を踏み出すことが大事で、一歩前進したからこそ見えてくる景色というものがあると思うのです。

だからこそ、その最初の一歩をどれだけ早く踏み出せるかを重視している側面もあります。

ただし、そうはいっても闇雲に踏み出すのではなくて、最低限のリスクアセスメントはしますし、未来についても考えますし、その検証も高速で行ないます。

それをできるだけ最短で行なうということです。

実際、遠くの山だけにフォーカスしすぎて山の麓で大怪我をする経営者も少なくありません。「あの山を登るぞ」と気合を入れすぎてリスキーなルートを通ったり、装備不足のまま登っていったりするとやはり思わぬ危険が潜んでいるものです。

山頂を目指すときにあえて遠回りしたほうがいいことも当然あります。

急な崖でショートカットになりそうだけど、自分たちの今のリソースだとリスクが高そうなルートもあれば、遠回りで時間はかかるけど、安全かつ体力をあまり使わないルートもあります。競合の動向も大事です。競合がリスキーなルートを登ったら自分たちも登らないと勝てないのかといったらそうではなくて、崖から落ちそうな会社だったら、あえて傍観して実際に落下してから駒を一気に動かすこともできます。

この辺は経営者としてのセンスが出るでしょう。

表現が難しいですが「遠くのゴールを肌で感じながら、足元にも目を配る」ようなバランス感覚が大事だと思います。**仕事においてスピードは大きな価値ですが、焦りとは別物であるべきです。**

かつての私はなんでもかんでも最短で登ろうとしていました。もしくは、山がぼんやりとしか見えてないのに「この山だ」と勝手に信じ切って失敗することもありました。それがかすり傷で終わるなら問題ないのですが、骨折レベルの失敗をしてしまうと完治するまで時間がかかります。今の私はスピードを出しながらも無謀なことはしないようにしています。

未来予測をするときの心構え

ビジネスをする上で未来予測は欠かせません。
ただし、未来のことは誰も答えがわかりません。それでもなお精度をあげる必要もあり、ある意味、悩もうと思えばいくらでも悩める領域です。
そこで私がいつも意識していることは2つあります。

1つは時代の先端をいく流れに敏感になり、そこにある程度身を任せること。食わず嫌いにならずにとりあえず乗ってみることです。おそらく未来を切り拓くのは「今の最先端」にある流れなので、その近くにいることで、得することはあっても損することはありません。

もう1つは自分たちの変化のスピードを速くしておくことです。
未来をしっかり予測してそれに合わせて計画を立てて実行するというビジネスの回し方自体が、相当難易度が高くなっています。仮にそれが1回成功したとしても前提が刻々と変わるので再現性がありません。

第1章
第2章
第3章
第4章
第5章

時代の変化の速度は年々速くなっていきます。だとしたら今、自分たちがやっていることはいつか時代遅れになるという前提に立って、柔軟性を持った組織を今から準備するほうが合理的だと思うのです。

第5章

普通の人が天才を超える「振り返り」の技術

1 「振り返り」が人を成長させる

業務でＰＤＣＡを回すことは多くの方がされていると思います。

私は普通の人が飛び抜けた結果を出すためには、時間の使い方を記録し、ＰＤＣＡを回すことが、最も大事だと考えています。

時間は、誰もが持っている資産です。

それを何にどう使うかで、その人が出す仕事のアウトプットも、「その人」自体も決まります。

人は過去にしてきたことの積み上げの結果でしかありません。

だから徹底的に時間の使い方にはこだわりましょう。

では、どうしたら時間をうまく使うことができるのか。

私は時間の使い方をできるだけ細かく記録し、週末に振り返りをしています。記録して振り返りをして目標を立てることで、より自分の時間の使い方にムダがなくなり、ひいては理想の自分に近づけると思うからです。

本章では、私の時間管理の仕方や振り返りの仕方について紹介していきたいと思います。

2 成長のKPIは、時間・お金・生活習慣

皆さんは仕事でKPIを追うために業務管理シートなどを使われているでしょう。当社でも当然KPIは意識していて、社長である私は日々更新されていく数値を眺めながら、課題の早期発見に努めています。

それと同じように、私は自分の成長のためにもKPIを指標にして、振り返りをしていくべきだと考えています。

自分のKPIを考える

もちろん、どんなKPIを追うかは、その人がどんな人生を送りたいのかによって変わってくるでしょう。

もし営業職の人や、単純に人付き合いが好きでたまらないという人なら、「人脈こそが自分を作っている」と考えるかもしれません。だとしたら、その「人脈」という課題を何かしらのＫＰＩに落とし込んでみる。そしてそれを達成するために何人と名刺交換しないといけないとか、月に何回イベントに参加しないといけないといった指標を逆算で考える。そうやってその人なりの行動指針が浮かび上がると、少なくとも漠然と毎日を過ごすことはなくなります。

自分の資源を言語化できると、自分を管理しやすくなります。

「どこを目指しているのか？」
「現状足りていないものは何か？」
「そのズレを埋めるための課題は何か？」
「その課題を解決する方法はあるのか？」

こういうことを日々意識して追い続け、その結果をフィードバックしながら自分の行動を変えていく。こうした働き方なり生き方をすることが、おそらく自分が理想とする姿に近づくための最短の方法だと思うのです。

この本はいかに早く仕事を終わらせるかというテーマではあるのですが、それを達成するためには自己管理が必要であり、自己管理を突き詰めていくと「自分という存在が何でできあがっているのか」という話になってくると思うのです。少し大きな話になるかもしれませんが、お付き合いいただけたらと思います。

3つのKPIを管理する

会社の資源といえば「人、もの、金、情報」です。

では自分の資源はいったい何か？

哲学に近い話になってくるかもしれませんが、私はそれをずっと考えていて、今のところその結論は「時間、お金、生活習慣」の3つ。

つまり、時間の使い方、お金の使い方、毎日の生活習慣の3つこそが、人生における主要KPIであり、人はこれらの積み重ねで成り立っていると思うのです。そして、こうしたプライベートの領域のKPIは仕事のアウトプットと密接に連動しています。

ですから私は仕事で使う業務管理シートと同じようなフォーマットで、「時間配分」「お金の出入り（特に支出の用途）」「食事（主にカロリー）」の3つを管理しています。

私の場合、お金の使い方は「成長を止めない」という目標があるので、毎月一定金額をインプットのために使うと決めています。マネーフォワードを使って、お金の出入りと何に使ったかを記録しています。

食事については「社長として道半ばで倒れるわけにはいかない」という目標があるので、摂取カロリーの上限値を決めています（ちなみにこれをはじめてから、2か月で13キロ痩せ、数値も大幅に改善されました）。こちらはFincのサービスに加えて、Fitbitで、睡眠時間、歩いた距離、食事や血圧などのデータも記録していま す。なぜ眠れなかったのかなど、データを見ながら睡眠の分析などもしています。

そして特に重要かつ管理をすることでインパクトが大きいのが時間管理です。

睡眠時間以外の時間を、仕事のために何%使い、家族のために何%使ったかといった項目別の時間配分を、自分なりに目標値を定め、その通りにいったかを管理しています。

3 時間配分の目標を決める

さらに「時間」について、詳しく解説したいと思います。

時間の使い方については、私が使用している具体的な項目（KPI）をあげたほうがイメージしやすいでしょう。

私は次の8つの項目で時間配分の目標を決めています。実際には、それぞれに理想的な配分の目標を入れて管理しています。

・本業（C CHANNEL チャンネル）
・企業支援（社外取締役の活動など）
・社会支援（大学での講義やNPO活動など）
・家族（家族との食事、子どもの世話など）

・健康（ジョギング、ジムなど）
・交際（プライベートの飲み会など）
・インプット・教養（セミナー受講、読書など）
・その他

割合的には本業のC CHANNELに費やす時間が7～8割なので、典型的な仕事人間なのだと思います。

ちなみに夜の会食などは公私の境が曖昧になりやすいので、3分の2を業務時間、3分の1を交際の時間として計算するようにしています（ついつい会食で2次会、3次会に出てしまう人は、その割合を逆転させたほうがいいでしょう）。

当然、私にとって最も大事な仕事はC CHANNELを世界的なメディアに成長させることなので時間配分として最も大きくなるのは当然ですが、本業以外にもある程度、社会との接点を持ち続けたほうがいいと思っているので、肩書はいろいろ持っています。

特に多いのがさまざまな企業の社外取締役で、執筆時現在で7社。このため月に1回の取締役会に出ています。

さらに母校の筑波大学で年に何回か講座を持ったり、東京都の依頼で観光振興を考える有識者会議の委員をしたり、Endeavorという起業家支援団体の理事などもしています。あとは随時、講演依頼や取材依頼、原稿依頼などをこなしている感じです。

こうやって本業以外の仕事を受けるときは、やはり自分がやることによって価値が生み出せるかどうかが一番大きな基準です。逆にいえば一度やってみて、価値提供がしっかりできなさそうなものはやめるようにしています。

また起業家支援などについては、まだまだ自分も未熟ではあるもののＬＩＮＥを立ち上げた経験値があるので、特に若い経営者に対して社会還元をしたいという思いもあって続けています。

普通に考えると本業に１００％専念するという選択肢も当然あるわけですが、「何のために生きているのか」「どんな人間でありたいのか」といった本質を突き詰めていくと、１００％ビジネスだけというのも違うだろうという考えがあるからこそ、意識して本業以外にも時間を割くようにしています。

人によってこの項目や配分は当然違ってきます。海外赴任を目指して英語の勉強をしているのであれば、「英語の勉強」という項目を設けて、1週間のうち5％をそこにあてるという目標を立ててもいいですし、ライフワークバランスとメンタルの余裕がほしいのであれば、「自分のための自由時間」という項目を設けてもいいでしょう。

自分の時間の使い方を確認する

こうやって時間配分の目標を決め日々の生活でログを残し（手帳へメモし）、さらにそれをパイチャートとして可視化することの最大のメリットは、自分を客観視して反省できることです。

1週間単位だけだとどうしてもバラツキが出ることが多いので、大事なのはその平

›› 時間の使い方を確認する（例）

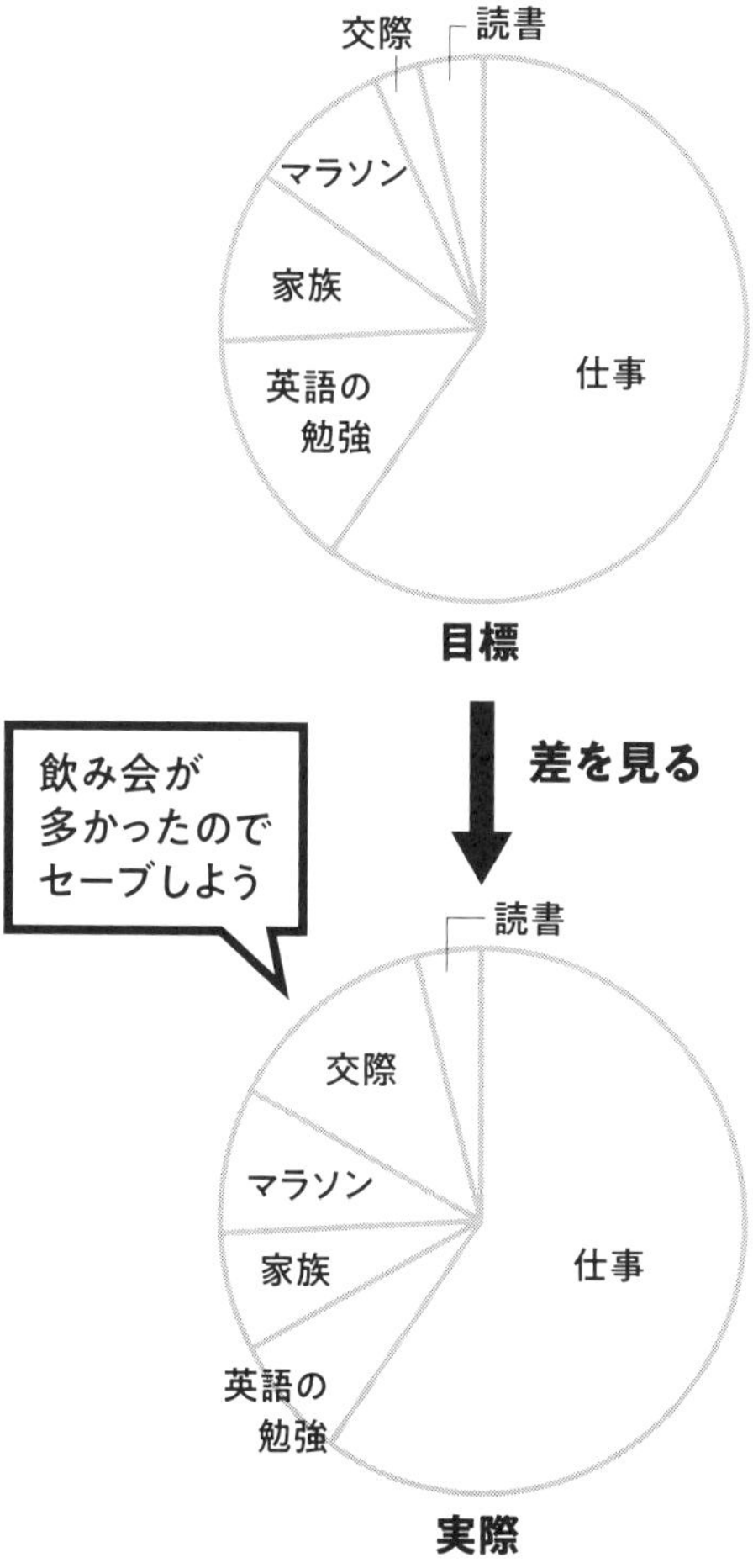

均値を追えるかどうかです。その点、私は時間配分のログを年間ベース、月間ベース、週間ベースで管理しているので、その変化を時系列で眺めることもできます。

「昨年の12月は交際の時間が予定を大きく上回ったな。でもどれも大事な付き合いだったからな。じゃあ、今年は11月に仕事の割合を増やしておくか」といったようにプランニングの参考にできるのです。


もう1つのメリットは、時間が有限であることを否が応でも認識できることです。何か新しいことをしたい、もしくはもっと成果を出したいと思ったら、何か既存の時間を削らないといけない（捨てるか効率化するか）という現実を、目の前に突きつけてくれます。

たとえば、営業成績を上げたいと思っている人が自分なりにパイチャートを作ってみて、SNSを触っている時間が全体の2割を占めていることが可視化されたら、まずはそこを削らないといけないということは小学生でもわかるでしょう。私が趣味やプライベートの飲み会などを捨てたのも、日々、こうやって時間の使い方を数字として眺めてきているからに他なりません。

実際にはどのような配分（時間もお金も食事も）が適切なのかとスパッと言い切れることはなく、日々誤差はありますし、けっこう柔軟に目標値を変えたりもします。ただまったく目標値がないよりははるかにましです。それこそ仕事に没頭しすぎて、ある日家に帰ったら奥さんが実家に帰ってしまっていたというような事態になるとまずいですから、いろいろな意味で自分を把握することが重要です。

それに、経営者のような立場になってしまうと周囲から意見を言われにくくなるので、できるだけ自分を客観的に評価し、ダメ出しをし続けないといけないという危機感もあります。よくこれからはフリーランスの時代だなどと言われますが、自分を律することができない人は会社員を続けたほうが得策ではないかと思うこともあります。

人生のKPIでなりたい自分になる

TODOリストに書かれているジョブやタスクは、元をたどっていくと組織が掲げる業務上のゴール（売上目標など）を達成するための手段を限りなく細分化したものです。ということは、極端な話、組織に目標がないと従業員は働く必要がないので、TODOリストは埋まりません。適当に机に座ってソリティアでもしていればいいのです。

プライベートの領域もまったく同じ。目標がなければTODOリストはほとんど埋まりません。なんとなく好きなことをしながら年老いていくだけです。

でも実際に業務上の目標はあるので、そこにプライベートな目標が何もないと、TODOリストは100％上司から言われたことで埋まっていきます。毎日それをこなすだけで終わってしまうと、正直、働くことの意義が見いだせず、モチベーションも生産性も落ち、とても辛い思いをすることになります。

しかも、多くの人はそこで不満を言うことに終始して、本気で自分なりの目標を掲げるわけではないので、日々のTODOリストは変わりません。

「家族との時間を大事にしたい」というのであれば、時間の使い方を管理しないといけないでしょう。

「老後も生活レベルを維持したい」というのであれば、お金の使い方に気をつけないといけません。

「100歳まで健康でいたい」というのであれば、毎日の食事に留意しないといけません。

このように、なりたい自分があって、はじめて個人の3大資源の適切な配分が見えてくるのです。


本気で現状を変えるには、とにかく目標を掲げることです。

「どんな自分になりたいのか？」

「どんなバランスで生きたいのか？」

これが自己管理をしていく上で、真っ先に自問すべきことです。

4 土曜に行なう「振り返り」

さて、ここから振り返りの具体的な方法について紹介していきましょう。

私は1週間の振り返りを毎週土曜日に行ない、日曜日は翌週以降のプランニングにあてるようにしています。

それぞれかける時間は3〜4時間です（土曜の振り返りは正直もっと時間短縮できると思っています。ただ、振り返りというのはほとんどが反省なので、どうしても臭いものにはフタをしたい、ダメな自分を直視したくないという葛藤があって時間がかかってしまいます）。

まず、先にあげた時間・お金・生活習慣については、毎日手帳にログをつけ、土曜日にそれをエクセルに入力して、振り返りを行なっています。

エクセルを使うのはデータベースとして残すためです。グラフにしたり、時系列でチェックをしていくことで浮き上がってくる課題もたくさんあります。

土曜日の振り返りの大まかな流れとしては、次のようになります。

・手帳に残してある時間配分、お金の支出、運動の記録などをエクセルに入力し、目標値と実績値のズレを確認
▼ズレがある場合は原因を究明し、改善策を検討
・業務上の各種ＫＰＩの目標値と実績値のズレを確認
▼ズレがある場合は原因を究明し、改善策を検討
・手帳のウィークリー欄にリスト化している「その週でやるべきこと」が終わったか確認
▼終わらなかった場合は原因を究明し、改善策を検討

基本的には目指す数字になっているかを確認し、ズレがあったら原因を考え、次週以降に活かせる改善ポイントなり注意点を抽出して、それを手帳に書き込んで終わりです。

また、週間目標だけではなく、その上位にあたる月間目標、四半期目標、年間目標なども随時チェックします。

目標が達成できない2つの理由

目標が未達の原因は大きく分けると2つしかありません。1つは予定通りに行動できなかったからです。これはTODOリストを消化できたかどうかを見ることで、ある程度チェックできます。

もう1つは、予定通りに行動しても結果に表れないことです。

その原因は、目標を達成するために立てた計画自体が間違っていた場合です。

「前提としていた情報に誤りがあった」

「想定してなかった課題が見つかった」
「思ったほど効果が出ない解決策だった」
など、原因はいろいろ考えられるので、「計画が正しかったかどうか」はじっくり腰を据えて考える必要があります。

時間の使い方、お金の使い方、そして毎日の食事の積み重ねが仕事の成果や自分の成長、会社の業績、体調などにつながっていくわけですが、日々の変化量は小さく、不摂生な人がいきなり大病を患うのと同じで、多くの人は自分の理想との「誤差」に気づくのが遅くなりがちです。

その点、目標を時間軸で細かく設定して、毎週、その振り返りをしていけば小さな誤差にすぐに気づくことができ、その都度修正できます。

とはいえ、私もそこまで完璧にできていません。特に会社に余裕がないときは自分の余裕もなくなってきて、同じ失敗を繰り返すこともあります。

でも、どんなときでも週末の振り返りをさぼることはありません。どれだけ疲れていても必ず数時間かけて行ないます。

完璧ではなくても「現状把握」「原因究明」「計画修正」という3点セットで自分を律していく意識こそが大事です。その意識がなくなった瞬間、きっと私は「普通の森川さん」に戻ってしまうでしょう。

5 日曜に行なう「プランニング」

日曜に行なうプランニングの作業では、主に次週とその次の週の2週間分の「自分が行なうべきこと」のストーリーを考える作業をしています。

具体的には2つのレイヤーで考えます。

目標とする時間配分にあった行動計画を立てる

土曜の振り返りでわかった反省点や自分が置かれている状況を踏まえ、時間配分の目標値自体を修正すべきか検討します。

また、目標の時間配分を達成できるように、あらかじめアポを入れられるものはないか検討します（その結果は手帳のスケジュール欄とグーグルカレンダー上に書き込みます）。

たとえば……

・家族との時間が予定通り過ごせていないことが振り返りでわかっていれば、その週か次週の週末のある時間をグーグルカレンダーで先に押さえる。

・交際の時間を増やすべきなら、仮で夜の時間を押さえて知人を誘う。もしくは参加できそうなイベントを探す。

もしアポを入れる類のものではない場合は、行動目標を立て、TODOリストに追加します。

たとえば……

・インプットの時間が足りないなら、１週間で何冊本を読むということをTODOリストに追加する（もちろん月間目標で管理しても構いません）。また、読みたい本があればその場でネット注文してしまう。

TODOリストの更新

第2章で新たな仕事が生まれたら【宿題】として自分宛にメールを送っておく、という話をしましたが、日曜日に、そのメールを中心に、新たなTODOとして追加すべき項目を洗い出し、リストに入力していきます（TODOリストは3か月くらい先までの予定を入れます）。

その際、まったく新たな仕事に着手するなら、仕事の要素を分解し、期日を設定して、人選を決めるといった基本的なプランニングも行ないます。仕事が依頼できるものに関しては、その場でLINEで仕事を振ります。

また、振り返りで手帳の月間目標や週間目標などに見直しが必要だとわかっていたら、新しい目標を設定します。

手帳のタスク欄に記載するジョブやタスクについては、翌週の予定は手帳のタスク欄にすでに書き込んでありますが、随時修正し、さらに翌々週のタスク欄については新規に書き込んでいきます。手帳に優先順位を書き込む作業もこの段階で行ないます。

作業はそこで終わりません。

手帳の記入とTODOリストの更新が終わったら、手帳のスケジュール欄も見ながら、2週間先までの毎日を、脳内で1度シミュレーションしてみます。

目的の1つは、自分に課した週間目標がちゃんと1週間で収まりそうかどうかの確認です。もしリストがかなり埋まっていて、時間もパツパツそうなら、万が一予定が狂ってリストが完遂できなさそうになったときにどういう手を打つことが最善か（たとえばドタキャンする予定をどれにするかなど）、あらかじめ考えるようにしています。

もう1つの目的は、想定外を想定内にすることです。

たとえば「あの部長さんと打ち合わせがあるな。話が長いから気をつけよう」とか、「〇〇君はたまに期日を守らないから、納期は早めに伝えておこう」とか、予定が狂わされそうなところをあらかじめ見つけ、注意点を手帳やTODOリストにメモしておきます。

2週先までウォークスルーするのは慣れないうちは難しいでしょうが、せめて1日のはじまりにその日の自分が何時の時点でどんなジョブを片づけて、会議ではこんな発言をして、移動時間ではどんなタスクをこなして、といった脳内予行演習を行なうことはおすすめしたいです。いろいろと予防線が張れるようになるので、ムダな時間も減らすことができます。

6

C Channel社内研修で学ぶ「自分の地図の作り方」

当社では2017年の暮れから、この本で解説している私なりの自己管理、時間管理のテクニックを社員に教えるべく、希望者限定で勉強会をはじめています。

当初は私が実践している3大ツールの手帳とTODOリストとエクセルの使い方をすべて教えようとしたのですが、正直なところ自己管理をあまりしてこなかった若い社員たちにはハードルが高すぎて、何割かの社員は途中で挫折してしまいました。

でもそのときに思ったのが、夢を叶えたいと誰しもが思う一方、なかなかやりきれる人はめったにいないということです。最初は大志を抱いていても、気がついたら「まあ、いつかうまくいくだろう」くらいに思って、運や人任せで生きている人がほとんどでしょう。

本書で紹介した自己管理のテクニックは自分に言い訳をしないように何事も可視化し、目標を設定して、自分をどんどん追い込んでいくための手段なので、正直、楽な方法ではありません。でも、いろいろな自己啓発の本に書いてあるように人生とは選択肢の積み重ねでしかなくて、最後は自分次第だと思うのです。

私としては社員たちに、せっかくなら運や人任せにするのではなく、自分で選択肢を選びながら自分の理想とする人生を生きてほしいと願っています。そして自己管理のテクニックやツールは、本当は幸せになるための手段であることを教えたいのです。

そこで急遽考えた研修内容が、自己管理の基本であり入り口となる手帳の使い方の導入編です。

名付けて「自分の地図の作り方」。

本書の最後に、そのダイジェストを紹介しましょう。

ステップ① 長期的なゴールの設定

最初に社員たちに問いかけたのは、「どんなときに自分は楽しいと思うか」ということです。

それを書いてもらったら、次に「周りの人に自分はどう思われたいのか」を書いてもらいました。

その次に人生のミッションステートメント、つまり「自分の人生はどうあるべきか」ということを考えてもらって、それを文章化してもらいました。

ステップ② 主要KPIの設定

それができたら今度は「お金」「家族」「仕事」「健康」「精神状態」「知識や趣味」の6項目で、それぞれ自分のゴールを設定してもらいます。だいたい20年先のイメージです。これはGMOインターネットの熊谷正寿社長の夢手帳のフォーマットを使っています。

この6つのゴールが、「ありたい自分」を実現するための主要KPIにあたります。

›› C Channnel流自分の地図の作り方

1 長期的なゴールの設定

どんなときに自分は楽しいと思うか

(　　　　　　　　　　　　　　　　　　　　　　　　)

周りの人に自分はどう思われたいのか

(　　　　　　　　　　　　　　　　　　　　　　　　)

自分の人生はどうあるべきか

(　　　　　　　　　　　　　　　　　　　　　　　　)

2 主要KPIの設定と3月間目標への落とし込み

	ゴール	月間目標
お金		
家族		
仕事		
健康		
精神状態		
知識や趣味		

4 具体的なアクションへの落とし込み

月間目標を達成するための週間目標を決めて、
ウィークリーページに記入

ステップ③　月間目標への落とし込み

6つのゴールが決まったら、それを分解していきます。

具体的には「それぞれのゴールに辿りつくために必要なジョブ（ここでいうジョブは、大雑把なやるべきこと）」を洗い出してもらいます。

ただし、そのときのジョブは必ず数値化します。たとえば「足腰を鍛える」だと比較のしようがないので「フルマラソンを4時間で完走できるようになる」といった形にしてもらいました。

それができたら、そのジョブを達成するための月間目標を考えてもらい、手帳のマンスリーページに書き込んでいきます。

ステップ④　具体的なアクションへの落とし込み

直近の2か月分については、その月間目標を達成するための週間目標を決めてもらい、ウィークリーページに記入します。

さらにそれをジョブとタスクに分解して、デイリーページのタスク欄やスケジュール欄に具体的なアクションを記入してもらいます。

あとはジョブとタスクをひたすら潰していくという感じです。

この研修を実際にやってみたところ、意外なことにステップ①のミッションステートメントを作っている段階で「自分が見えてきた気がします」という社員がかなりいました。

たしかに「幸せって何だろう」と考える機会はあまり多くはないでしょう。

でもそれでは、幸せになりたいのに自分にとっての幸せがわからない状態が続くので、一生幸せになれない人もたくさんいます。

ですから、自分なりにゴールを定義することが大事だと思うのです。

そして経営者として理想をいえば、個人と会社のミッションステートメントが同じであることがベストです。

会社がいろいろ言わなくても、「今の仕事が自分の幸せに直結しているから働こう」と思える職場だとストレスもないしモチベーションも高まります。

7 なぜ振り返りにこだわるのか

なぜ私が振り返りにこだわるかというと、結局、失敗がなくなった時点で成功だと思うからです。

それを完璧と呼べるかどうかはわかりません。でも、過去にあった失敗を二度としない状態になれたら、それは成功に相当近づいた状態に近いのではないでしょうか。

振り返りは社会人になってから身につけた習慣です。

子どもの頃は多くの人と同じように毎年、夏休みの宿題は最後に焦って取り組んで、結局終わらなくて先生にも親にも怒られる子どもでした。

社会人になってなぜ変わったかというと、周囲の人の仕事ぶりが見えたからです。

子どもの頃は友達の勉強している姿は滅多に見れませんし、「宿題はどう進めてるの？」といった真面目な会話をするわけがないので、てっきり同級生たちも宿題そっちのけで遊んでいると勘違いしていました。でも実は優秀な友達はちゃんと毎朝少しずつ宿題を進めて、それから遊びに来ていたのです。そういう状況は共有されないので、自分の中では問題意識をもてなかったのでしょう。

社会人になると周囲と自分の仕事ぶりの差が目に入ってきます。「こういうやり方があるんだ」と自分のやり方を反省することもあれば、逆に「こういう人になったらまずいよな」と周囲の失敗から学べることもあります。そうしたことが年を重ねるごとにだんだん見えてきます。

コツコツと反省して、コツコツと吸収して、コツコツと悪いところを捨て去っていったら仕事の成果も出せるようになってきます。そうなるとさらに振り返りの習慣が有意義に思えてきて、だんだんシステマチックに行なうようになった、という感じです。

そういう意味では環境はとても重要です。周囲に自分と同じような人ばかりいるとなかなか比較ができませんし、気づきを得にくくなります。

おわりに

個人にとっての資源は、究極的には「時間」と「お金」と「生活習慣（健康）」の3つに集約されると思っています。

ただ、世の中の大きな流れからみると、お金の価値はどんどん変わっていますし、健康については医療技術の進歩は目覚ましいものがあります。非常に近い将来、不治の病が治るようになったり体が不自由な人がロボットの力で自由に動けるようになったりして、その価値は変わっていくと思います。

でも時間だけはどうしようもできません。

もちろん健康を維持することで人生の持ち時間を増やすことはできますし、人間の仕事をロボットにやってもらい、時間を有効に活用することもできます。ただ、

24時間という時間自体を拡張させることはできません。

そうなると時間の価値が必然的に大きくなっていくのではないでしょうか。お金を稼ぐスキルよりも時間を効率的に使うスキルのほうが、なおさら求められる時代がくるでしょう。


この本を読んだあなたから見れば、私はまるで自己管理マニアで、元来、自制心が強く、合理的な性格の持ち主だからこういうことができるのだろうと思われたかもしれません。

でも、何度も言うように私は凡人です。モチベーションは常に高いタイプの人間ではありましたが、仕事に熱い人はゴマンといるでしょう。

そんな私が今のような自己管理の術を身につけるきっかけとなったのは、33歳くらいのときに読んだフランクリン・コヴィー氏の『7つの習慣』です。

タイミング的には大手家電メーカーを辞めて前職のベンチャー企業に転職したばかりの頃で、そのときの私は役員でもなんでもない、コンピューターに詳しくて新しいものが大好きなごく普通のサラリーマンでした。

それまでの私も反省することの重要性や、しょせん、人間は失敗から学んでいくものだという意識は持っていましたが、かといって具体的に何かを仕組み化していたわけではありません。

自分の人生やキャリアについても、どんな自分でありたいのかということに関してもぼんやりしていました。なんとなく「こうあれたらいいな」というイメージくらいはありましたが、ではいつまでにそれを実現するのか、そのためには今何をすべきなのかといったことまで深く考えていませんでした。

それがこの本に出会って衝撃を受け、常にゴールから逆算することや何事も可視化して振り返りをすることなどを学び、自分なりに管理術をブラッシュアップしていったのです。

当時の私としては「別に天才でもない普通のサラリーマンの自分が、徹底的に自分のことを管理していったらどこまで成果が出せるのだろうか」という興味もあって、ある意味、自らが実験台になったような感覚でした。

その数年後には日本法人の社長となってＬＩＮＥを立ち上げることができ、さらに自ら起業してC CHANNELという若い女性層に支持されるデジタルメディアを作ることができたので、その「実験」はある程度成功したといえるのかもしれません。

私は今までのキャリアの中でそれこそ死ぬ気で仕事をしていたような時期もありました。でも、世の中には死ぬ気で働かなくても結果が出る人はいるし、死ぬ気で働いても結果が出ない人もいます。当然のことかもしれませんが、**重要なのは死ぬ気で働くことではなくて、賢く働くことです。**

自己管理をしていけば、自ずとスピーディにアウトプットが出せるようになります。計画を立てたり自己管理をしたりすることに対して後ろ向きになる人にはおそらく2種類いて、「計画を立てている時間や自己管理をしている時間がもったいない」と思っている人か「時間に縛られる人生なんてイヤだ」と思っている人です。

いずれのケースにしろ、世の中で誰にとっても平等に有限である時間を管理できない限り、思い通りに生きることは難しいと思います。

つまり、「自由に生きたい！」と本気で思っているなら、本気で時間を自分のものにすべきなのです。

ただし、その結果どこにたどり着けるのかは、運もあるので断言できません。この本で書いてあることを実践すればベンチャー起業の経営者になれるなどというつもりは一切ありません。仮に私が自分の社会人のキャリアをやり直せたとして、今のように本を書かせていただくような立場になっているかどうかもわかりません。

成功するときは、たいてい再現性がない要因が絡んでくるからです。

でも、自己管理（特に振り返り）を続けていれば、少なくとも同じ場所に踏みとどまる可能性は低くなります。

もっと多く、もっと速く、もっと効率よく、もっと快適に。「今」を疑い、常に変わっていけること。

それが人としての成長なのではないでしょうか。

とにかくまずはやってみることです。

ハードルを高めに設定して、できなかったらなぜできなかったのかを反省して、改善策を考え、また挑戦する。すぐに成果は出ないかもしれませんが、1年ぐらい経つとできるようになるものです。

そういったPDCAをあらゆる分野でやり続けていると、10年もすれば、周囲の人が止まっているかのように思えるくらい、速く仕事が処理できるようになるので、結果的に同時に扱える案件の数も増えていきます。

とはいえ、10年続けるためにはその成果を実感できないといけないでしょうから、まずは自分が今抱えている「どうしても早く終わらない仕事」や「一番時間をとられている仕事」にフォーカスして、ムダを省きつつ効率を上げてみてはどうでしょうか。

2018年4月

森川　亮

著者略歴

森川　亮（もりかわ・あきら）

1967年神奈川県生まれ。1989年筑波大学卒業後、日本テレビ放送網株式会社に入社。コンピュータシステム部門で、ネット広告や映像配信、モバイル、国際放送など多数の新規事業立ち上げに携わる。2000年にソニー株式会社入社。2003年にハンゲームジャパン株式会社(後にNHN Japan株式会社、現LINE株式会社)入社。2007年、同社代表取締役社長に就任。2015年3月に退任し、顧問就任。同年4月に女性向け動画メディアを運営するC Channel株式会社を設立、代表取締役社長に就任した。その後２年間で10か国でのサービスを展開し、SNSファン数はのべ2500万人超と、日本最大級のサービスに成長させた。著書に『シンプルに考える』(ダイヤモンド社)、『我慢をやめてみる 人生を取り戻す「起業」のすすめ』(朝日新書)がある。

すべての仕事《しごと》は10分《ぷん》で終《お》わる

2018年５月22日　初版第1刷発行
2018年９月８日　初版第4刷発行

著　者　森川 亮

発行者　小川 淳

発行所　SBクリエイティブ株式会社
〒106-0032　東京都港区六本木2-4-5
電話：03-5549-1201（営業部）

編集協力　郷 和貴

装　丁　小口翔平＋岩永香穂（tobufune）

本文デザイン　荒井雅美（トモエキコウ）

ＤＴＰ　白石知美（システムタンク）

校　正　新田光敏

印刷・製本　中央精版印刷株式会社

編集担当　多根由希絵

落丁本、乱丁本は小社営業部にてお取り替えいたします。定価はカバーに記載されております。本書の内容に関するご質問等は、小社学芸書籍編集部まで必ず書面にてご連絡いただきますようお願いいたします。

ISBN 978-4-7973-9522-8